関西大学東西学術研究所研究叢刊60

東南アジアの華人廟と文化交渉

Chinese Temples in Southeast Asia and Cultural Interaction

二 階 堂 善 弘

関西大学出版部

目 次

前　言

　アジアを含む世界中には、チャイナタウンが存在し、華人の文化は各地に広まっている。欧米や日本でも、必ずといってよいほど関帝廟や媽祖廟があり、現在多くの人々が参拝している。

　そして19世紀に大量の中国からの移民が行われた東南アジアにおいては、シンガポール・マレーシア・インドネシア・ベトナムなどの各地に数多くの華人廟が存在し、いまでも盛んな祭祀が行われている。

　筆者はもともと、中国大陸の南方、それに台湾・香港などの地域の中華系の民間信仰を主に調査してきた。また、古い信仰が日本などに伝わったあとの文化交渉の現象について調べてきた。しかし、2010年頃よりは、その対象を東南アジアに広げ、ベトナムなどの華人廟についてフィールドワークを行った。

　ベトナムにもタイにも、やはり関帝廟があり媽祖廟がある。ただ、いくつかの廟の信仰は、かなり中国本土と異なるものがあった。

　さらに2016年10月から2017年９月にかけては、関西大学の在外研究員としてシンガポールの南洋理工大学中文系に赴いた[1]。そこで１年間にわたり、シンガポール・マレーシア・インドネシアにおける華人廟の現地調査を行うことができた。その結果、東南アジアの各地における華人信仰の複雑性について学び、また多くの共通点と相違点があることも理解できた。

　1970年代から80年代にかけては、日本の道教・民間信仰研究者による東南アジアの華人信仰研究が盛んに行われていた。酒井忠夫氏の編になる『東南アジアの華人文化と文化摩擦』[2]、窪徳忠氏の「マレーシアの土地神信仰」および「東南アジア在住華人の土地神信仰」[3]、原田正巳氏の「マレーシアの九

1）　2016年度の関西大学在外研究員・学術研究員として、シンガポールの南洋理工大学中文系に滞在し、各地の調査研究を行った。

2）　酒井忠夫編『東南アジアの華人文化と文化摩擦』（厳南堂書店1983年）。

3）　窪徳忠『道教とアジアの宗教文化』（第一書房1999年）317-368頁。

皇信仰」[4]など、優れた業績が続々と出版された。またやや後になるが、坂出祥伸氏の『道教と東南アジア華人社会』[5]があり、これら日本の道教研究の第一世代の手になる東南アジアの宗教状況の研究は、いまでも非常に重要であると考える。

しかし、その後各地域における状況は大きく変わったところがある。たとえば、シンガポールにおいては、1970年代から80年代にかけて、大規模な都市再開発が行われ、複数の廟が一箇所に集められ、「聯合廟」を形成することになった。これにより、廟のあり方は大きく変化することになった。インドネシア・マレーシアにおいても、様々な社会状況の変化があり、それに伴って華人信仰も変わっている。

本書はこういった変化をふまえて、主に2010年代における東南アジアの各地における華人信仰について、廟と祭神を中心として報告するものである。筆者の目睹しえた範囲はそれほど広くはないが、華人信仰研究の一助になれば幸いと考える。

4）　原田正巳「マレーシアの九皇信仰」（『東方宗教』第53号1979年）1 -21頁。

5）　坂出祥伸『道教と東南アジア華人社会』（東方書店2013年）。

第1章　シンガポール・マレーシアの華人廟

1．シンガポールの聯合廟

　シンガポールとマレーシアの華人廟は、主に福建・広東からの移民によって建てられたもので、それぞれの地域の信仰を色濃く反映したものとなっている。それらの地域は、俗に「五大幇」と称される。すなわち、福建幇・広東幇・潮州幇・客家幇・海南幇の5つである。もっとも、福建も南北でかなり言語も文化も異なっている。これについて日比野丈夫氏は以下のように解説する[6]。

　　南部諸省の中でも海外移住が行われるのは大体に地域が決まっていて、方言の差から広東、福建、潮州、客家、海南の五つに分けられるのが普通である。広東とは広東省全体をさすのではなく、今日の広州市を中心とした珠河下流地域をさす。福建も同様で、この場合には福建省南部（いわゆる閩南）の漳州や厦門付近をさし、ここは東南アジアへの移民の出発港でもある。福建省北部では、福州、福清、興化などがそれぞれ小さい方言区を作っている。潮州とは広東省東部の一地域であり、海南島もまた広東省に属しているが、いずれも特有の方言をもち、東南アジアに大量の移民を送り出しているのである。客家というのは、広東、福建、江西三省の交界地帯をなす山間部にもっとも多く住む漢民族の一派で、広東省の嘉応州が中心であってやはり独特の方言を用いる。

　許源泰氏はこれらをもう少し詳しく区分し、シンガポールの華人はその出自から漳州・泉州および永春からの「閩南人」、広東省東部からの「潮州人」、

6）　日比野丈夫「シンガポール・マラヤにおける華人の発展」（前掲酒井忠夫編『東南アジアの華人文化と文化摩擦』所収）70頁。

4

広東省東北部と福建省の西南部からの「客家人」、広東省珠江流域からの「広府人」、海南島からの「海南人」に分けるべきであるという[7]。

　各地域から来た華人たちは、故郷で祀られていた神をそのまま持ってきている場合が多い。媽祖は福建・広東などに共通する神であるが、開漳聖王（かいしょうせいおう）が祀られていれば、それは漳州人の信仰であり、清水祖師（せいすいそし）があれば、それは泉州人の信仰であるなど、多くの信仰は地域色がかなり強い。これはやはり移民社会である台湾などにも共通することである。酒井忠夫氏は、これらの郷里と神々について次のように記す[8]。

　　福建永春州の「法王」、泉州府安渓県の「清水祖師」・「保生大帝」、泉州府安南県の「郭聖王」・「朱刑李」・「二舎人」、泉州府恵安県の「霊安祖師」・「呉大人」、泉州府同安県の「方府大人」、興化府の「三教先生」、広東恵州府の「金花夫人」・「馮仙姑」・「鍾万公」・「譚公」、海南島の「呉聖新人」・「梅仙」・「一零八兄弟」・「水尾娘娘」・「中水侯王」、広東高州府の「洗夫人」等々がある。

清水祖師や法主公など

7）　許源泰『沿革与模式：新加坡道教和仏教伝播研究』（八方文化創作室2013年）35頁。
8）　酒井忠夫「シンガポール・マレーシア地域の華人の習俗・信仰と文化摩擦」（前掲酒井忠夫編『東南アジアの華人文化と文化摩擦』所収）330頁。

　また、かつてのシンガポール・マレーシアの状況については、酒井忠夫氏が次のように述べている[9]。

　　シンガポール・マレーシア地域における華人社会と華人文化は、中国一般の社会と文化の延長ではなく、華南の、閩・粤・客家型の中国人の社会と文化の延長したものである。華南のこれら三つの型の文化の中、前二者は華南地域に歴史を通じて生成したもので、第三の客家型文化は、華北中原の文化が、江南における客家社会の形成の過程で、華南化したものである。文化を生活文化の上からみると、シンガポール（星）、マレーシア（馬）地域における華僑、華人の三つの型の文化は、それぞれの方言を保持し、それぞれ独自の料理法を伝承し、また社会集団も、そこに生じる生活意識も、中国本土におけるそれぞれの伝統をほぼ継承している。

　しかし、シンガポールにおいては、このような認識は現在では通用しにくくなっている。山下清海氏は、シンガポールにおける1960年代以降に起きた変化について次のように述べている[10]。

　　このように、方言集団の地縁・血縁的結びつきに基づいた従来の経済構造は、それらの関係にとらわれない近代的な経済構造へと転換しつつある。また、方言集団の分業体制にみられた、特定方言集団の特定の経済分野への集中傾向も、徐々にではあるが、変化しつつある。ただし、外資系企業がシンガポール華人の地場商業資本家と提携する場合、それらの資本家は、特定の方言集団の有力者であることが一般的である。したがって、工業化の進展が、即座に華人方言集団の分業体制の変化につな

　9）　前掲酒井忠夫編『東南アジアの華人文化と文化摩擦』3頁。

10）　山下清海「シンガポールにおける華人方言集団のすみわけとその崩壊」（『地理学評論』日本地理学会・第58巻第5号1985年）308頁。

がるとは断言できない。しかし、工業化の進展に伴って造成される工業団地やニュータウンが、従来からの伝統的な華人集中地区外に設立されており、工業化が民族集団や華人方言集団のすみわけの崩壊を促進させる重要な要因の一つであることは確かである。

シンガポールでは、1960年代から80年代にかけて大規模な都市開発が行われた。そして現在でも続くHDB（Housing and Development Board）団地の大規模な造成と区画整理により、シンガポールの住宅地区はおしなべて巨大なニュータウンのような様相を呈している。

HDB 団地の様子

さらに言語面でもシンガポールは大きく変化した。英語と、中国普通話の教育が推し進められ、それまであった潮州語、閩南語、広東語などを中心とした地域言語コミュニティは大きな変化を余儀なくされた。この点について、合田美穂氏は次のように論ずる[11]。

　公共住宅政策も国民を統合するための重要な政策の１つであった。それ

11）　合田美穂「シンガポールの国民統合政策の華人社会に対する影響―独立後の20 年間の状況を中心に―」（『甲南女子大学研究紀要・人間科学編』52号2015年）107頁。

は、貧困を解消して国民の物質的な充足感を与えることも目的とされて
いた。当時、めざましい人口増加にともなって、公共住宅の早急な建設
が必要とされていた。公共団地の建設は、政府機関である1960年に発足
した住宅発展局（Housing and Development Board, HDB）によって実
施され、1960年から1996年までの間に、794,053戸の公共住宅が建設され
た。1997年になると、国民全体の86％が公共住宅に居住し、1960年の発
足時の9％と比較すると、かなりの効果が上がっていることがわかる。
この住宅政策では、さまざまな民族が1つの団地の中に居住し、住民は
他民族と交流を持つことによって国民統合を行うということも目標の1
つとされた。そして、1970年代より民族融合を目的とした各民族の混住
政策がとられた。1987年には、新築された公共住宅において、マレー人
の比率を20％にすることが決定された。この住宅政策によって、華人、
マレー人、インド人の各民族、更には広東人、潮州人などの華人のサブ・
エスニック・グループによる住み分けの解体を更に招くこととなった。
価格の安さと1部屋からの申請が可能であるため、多くの国民が公共住
宅を申請し、その結果として核家族化を招くことにもなった。核家族化
によって、方言を話す祖父母との同居が減少し、特に華人社会では、子
供の方言離れに拍車がかかることとなった。

　このような大規模開発のなか、シンガポール各地に点在していた華人廟は
政策により移転させられることになった。天福宮（Thian Hock Keng
Temple）や粤海清廟（Wak Hai Cheng Bio Temple）などの一部の伝統的な
古廟を除いては、多くの廟が強制的に廟を集約させられた。そして「シンガ
ポールの強制土地収用により、華人廟はその願いもむなしく、国家の権威と
宗教の権威が衝突するなかで」[12]、多くの「聯合廟」が作られることになっ
た。しかし、これについて合田美穂氏は次のように述べ、単に強制的なもの
ではなく、かなりの配慮のもとに行われたと説く[13]。

12)　前掲許源泰『沿革与模式：新加坡道教和仏教伝播研究』183頁。

　住宅開発が行われる前のタンピニーズ地区は、多くの中国廟が散在する
華人の農村であったが、ニュータウン建設に際して、これらの中国廟の
うち、天公壇、福安殿、大伯公、太歳爺、后池庁、順興古廟、吉星亭、
済陽宮、慈霊宮といった中国廟が、1980年代中期になって、地区の国会
議員の働きで、公共住宅の中心部に「淡濱尼聯合宮」として一カ所にま
とめられることとなった。更に、聯合宮の顧問には、マー・ボータン（馬
宝山）交通相（当時）が就任することとなった。この事例を見ても、政
府は強制的に、土地を接収し、民族融合政策を行ったのではなく、住民
と地域の関係に配慮をしながら慎重に住宅政策を実施してきたというこ
とがわかる。

　ただ、移転を拒んだ廟とHDB当局が正面からぶつかる場合もあり、佐々
木宏幹氏は銅山宮の例をあげて、強制移転で起こった騒動について紹介して
いる[14]。
　このような背景のもとに成立した聯合廟は、おそらくシンガポール独特の
形態の廟である。しかしながらシンガポール郊外の大半の廟は、この形式を
とっている[15]。
　一例として、トアパヨー（Toa Payoh）地区にあるトアパヨー伍合廟(ごごうびょう)
（United Five Temples of Toa Payoh 大巴窯伍合廟）を見てみたい。
　この廟は現在、昭応祠(しょうおうし)、通興港神廟(つうこうこうしんびょう)、聚天宮(しゅうてんきゅう)、福徳祠などから成る。祭

13)　前掲合田美穂「シンガポールの国民統合政策の華人社会に対する影響—独立後の20
　　年間の状況を中心に—」108-109頁。

14)　佐々木宏幹『スピリチュアル・チャイナ—現代華人社会の庶民宗教—』（大蔵出版
　　2019年）121頁。

15)　なお、これらの聯合廟が年代によってどう変化し、形成されたかについては、シン
　　ガポール国立大のケネス・ディーン氏と許源泰氏によるプロジェクトにより、その実
　　態が明らかにされつつある。その成果の一端が『新加坡華文銘刻彙編1819-1911』にお
　　いて示されている。詳しくは、ケネス・ディーン・許源泰『新加坡華文銘刻彙編1819-
　　1911』（広西師範大学出版社2017年）参照。

祀される神々は、観音菩薩、感天大帝、大伯公、土地公など様々で、また虎爺や五方龍神なども祀る。

トアパヨー伍合廟

　昭応祠は1940年代からあった海南系の廟であり、祭祀は観音菩薩が主となる。通興港神廟は潮州系で、感天大帝を主神とする。聚天宮は大伯公を祀る。福徳祠は広東系で、土地公を祀る[16]。このように、海南系、潮州系、広東系など、由来も設立時期も異なる廟をひとつの建物のなかに押し込んでしまっている。これによって各廟がもともと有していた地域性はかなり薄まってしまっている。大伯公は、マレーシアやシンガポールに広く見られる土地神である。

　またアンモーキオ（Ang Mo Kio 宏茂橋）地区にあるポトンパシール聯合廟（Potong Pasir Joint Temples Association 波東巴西聯合廟）では、5つの廟がやはりひとつの建物のなかに入れられている。

　1940年代に創建された三尊宮龍華会、1918年の創建になるという天性祠、1911年に造られたという雲峰天后廟、それに雲峰古廟と合興光廟である。ただ、大伯公廟である雲峰古廟と合興光廟は、組み合わされてひとつの廟とな

---

16)　各廟については、「Singapore Chinese Temples 新加坡庙宇」(http://www.beokeng.com/) のサイトの記載を参照した。

り、現在は見かけ上は4つの廟が並ぶ形になっている[17]。

　天性祠は福建莆田の出身者たちの廟であり、三一教主や臨水夫人を祀る。雲峰天后廟は広西の移民が造ったという媽祖廟である。こちらも、その由来などを全く考慮せずに移転させられて1箇所に集められたものである。

ポトンパシール聯合廟

　この聯合廟では、祭壇の下部に福建系の守護神である虎爺と、広東系の守護神である五方五土龍神が一緒に祀られている様子を見ることができる。

　台湾では虎爺は廟でよく見かける神である[18]。主神の祭壇の下に祀られることが多い。福建の廟でも、祭壇の下あるいは廟の外側に祀られているのをよく目にする。

17)　前掲「Singapore Chinese Temples 新加坡庙宇」（http://www.beokeng.com/）参照。

18)　台湾の虎爺については陳益源主編『台湾虎爺信仰研究及其他』（里仁書局2017年）参照。

虎爺と五方龍王

　五方五土龍神は広東の廟や商店でよく見かけるものである。

　広東では板に「五方五土龍神、前後地主財神」と書いてあることが多いが、シンガポールなど東南アジアでは、よく「五方五土龍神、唐番地主財神」と書かれる。ベトナムにおいても商店などによくこの五方龍神を祀っているのを見かける。虎爺が虎の像であるのに対し、五方龍神はほぼ文字だけが書かれる。この両者は出自が異なるため、本来は廟で混在することは少ないはずであるが、シンガポールの聯合廟では当たり前に並んでいるのが見られる。

　許源泰氏によれば、聯合廟には建物の造りにより、いくつかの形式に分かれるという。ひとつの門にひとつの建物、共同の大殿を持つものを「通殿式」、各廟がそれぞれ門を持ち、廟がそれぞれ自由に門を開け閉めできるのを「単独式」、2つか3つの廟が隣り合いながら、共同の空間を有するものを「混合式」とする[19]。通殿式の例としては、タンピネス聯合宮（Tampines Chinese Temple 淡浜尼聯合宮）を、単独式の例としては、ポトンパシール聯合廟を挙げている。

　タンピネス聯合宮の場合は、ほとんど元の廟がわからないほど、ひとつの建物に組み入れられた形の廟となっている。その元の廟は福安殿、順興古廟、吉星亭など13箇所にのぼる。朱・邢・李大人を主神とする福安殿に、多くの廟が編入されたような形になっている。

---

19)　前掲許源泰『沿革与模式：新加坡道教和仏教伝播研究』188頁。

タンピネス聯合宮

　タンピネス聯合宮は多くの廟を取り込んだために、祀る神も多岐にわたる。主神は朱・邢・李の三大人であるが、そのほかにも観音菩薩、大伯公、太歳、洪仙大帝（こうせんたいてい）、張公聖君（ちょうこうせいくん）（法主公）などを祭祀する。こちらも、福建や潮州など様々な出自のものが混在する。

　こういった聯合廟とはまた別に、シンガポールでは複数の廟が隣り合って存在することが多い。やはり開発の結果、複数の廟が一箇所に移転させられたものである。

　これとは別に、むしろいくつかの廟が出資して積極的に土地を購入して移転する場合もある。シンガポールでも有名な廟のひとつである菲菜芭城隍廟（ひなは）（Koo Chye Ba Sheng Hong Temple）は、鳳玄宮（ほうげんきゅう）（Hong Hian Keng）などと組んで1988年に城鳳聯合廟（Cheng Feng Lian He Miao）を組織したが、これはそのケースに当たる[20]。

　この菲菜芭城隍廟はマクファーソン駅（MacPherson）の近辺であるが、衆弘善堂九皇宮（Cheng Hong Siang Tng Kew Huang Keng）や金鳳廟（きんほうびょう）（Kim Hong Temple）などの別の廟も周辺に移転してきており、様々な廟が展開する地区となっている。駅の北側にも、風火院（Fung Huo Yuan）などが中心となるパヤレバー聯合廟（Paya Lebar United Temple 巴耶利峇聯合廟）があ

20）　前掲許源泰『沿革与模式：新加坡道教和仏教伝播研究』190頁。

る。この近辺だけで、十数の廟が展開していることになる。

　このような聯合廟は、シンガポール特有のものであるが、ただ似たような形態が他に存在しないかといえば、そうでもない。

　例えば、有名な台湾台北の万華地区にある龍山寺は、中心に観音菩薩を祀るものの、後殿には、媽祖や文昌帝君、関帝、註生娘娘、三官大帝、水仙王など、様々な神を祀る。

　このうち水仙王は、万華にもともと別に水仙廟があったものが、それが壊されて、神壇だけが移設されてきたものである。周囲の廟が壊されて、その神が別の廟に移されて信仰が持続する例は他にもある。とはいえ台湾の場合は、シンガポールのように政府の政策のもとで行われたものではなく、そこは区別して考えるべきであろう。

2．チャイナタウンの天福宮・粤海清廟とゲイラン順天宮

　一方で、チャイナタウン（Chinatown 牛車水）地区やクラーク・キー（Clarke Quay 克拉碼頭）地区においては、古くからの廟がそのまま残されていることが多い。これらの廟は、歴史的建築として保存されたものが大半である。

　また古い街並みが残るゲイラン（Geylang 芽籠）地区にも、歴史的建築とは言いがたいが、古くからの廟が多く残っている。この地区は、区画整理などがあまり行われていなかったので、古い廟が残ったのである。古い廟の場合は、ひとつの廟が地域性を保ったまま残っていることが多い。

　チャイナタウン近辺で代表的な廟といえば、先にもふれた天福宮がまず挙げられる。ただ、チャイナタウンという名であるものの、この地区にはシンガポール最古のヒンドゥー寺院であるスリ・マリアマン寺院（Sri Mariamman Temple）、これも古くからのモスクであるジャマエモスク（Masjid Jamae）などが近くに立つ。華人廟の近くに、ヒンドゥー寺院、キリスト教会、ムスリムモスクなどが併存する状況は、シンガポールやマレーシアでは、ごく当たり前の光景である。ただ、チャイナタウンという名称からすると、訪れると驚く人がいるかもしれない。

　もっともチャイナタウンという名称は便宜的なものであり、華語で表現さ

れる場合はこの地区は「牛車水」と呼ばれる。もともと、こちらに移住した華人たちが牛車でもって水を運んだことからこの名がある[21]。

スリ・マリアマン寺院

　天福宮はテロックエア（Telok Ayer）と呼ばれる通りの近くにあり、シンガポール全体から見ても古い廟である。清の道光十九年（1839年）に工事が開始され、道光二十二年に落成したとされる。もっとも、その前から小廟として存在していたようだ。大きな媽祖廟であり、天后媽祖を祀る[22]。福建会館の役割を果たしており、福建（閩南）系の廟である。いま福建会館は廟の前面に存在する。

---

21)　詳しくは山下清海『チャイナタウン―世界に広がる華人ネットワーク―』（丸善2000年）49頁参照。

22)　前掲許源泰『沿革与模式：新加坡道教和仏教伝播研究』47-48頁。

テロックエア天福宮

　テロックエアは、もともとは海に面しており、そこに媽祖廟が建てられた
のは、極めて自然な動きである。ただ現在の天福宮は、すっかり観光地になっ
ている。むろん熱心に参拝する人も多い。この天福宮について、日比野丈夫
氏は次のように記す[23]。

　　やがてシンガポールの福建人の勢力がますます強くなり、媽祖をまつっ
　　た天福宮が作られて同郷人の信仰の中心となるのであるが、これは1839
　　年に工事が始まり、四年目の1842年（道光二十二年）の末に至ってよう
　　やく完成をみた。主神である媽祖像は廟の竣工に先立ち、1840年に福建
　　から送られてきたもので、その歓迎の祭典は空前の盛会であったと伝え
　　られている。それまで恒山亭内におかれていた福建人の中心的な組織は、
　　天福宮の完成とともにここに移り、やがて福建会館が成立した。

　1907年には清の光緒帝から「波靖南溟」との扁額が下賜され、この扁額は
いまも飾られている[24]。その意味でも扱いが一段上の廟である。

────────────

23)　前掲日比野丈夫「シンガポール・マラヤにおける華人の発展」（前掲酒井忠夫編『東
　　南アジアの華人文化と文化摩擦』所収）75頁。

24)　中文 Wikipedia「天福宮」の記事（https://zh.wikipedia.org/wiki）参照。

16

　天福宮にはいくつかの神々が併祀されているが、特にこの廟は三教合祀の傾向が強く、それが祭神にも反映している。すなわち、観音・孔子・伽藍・関帝・開漳聖王・保生大帝・城隍神となっている。孔子が祀られるのは、廟が塾の機能を有していたことも反映していよう。武の代表としての関帝もある。開漳聖王や保生大帝を祀るのは、閩南系の、特に漳州系の廟の特色である。

　個人的に興味深いのは伽藍菩薩である。伽藍菩薩の両脇には、関平・周倉に似た神があり、関帝かと思ってしまう。ただ、像の顔は白く、関帝には見えない。華光にも似ておらず、むしろ、ベトナムにおける徳翁を想起させる。とりあえずは、これは伽藍菩薩として扱うしかなさそうである。

天福宮の伽藍菩薩

　この天福宮の隣接部に、慶徳楼という楼があり、宗祠として機能していた。しかし2011年よりこの建物はシンガポール道教協会が保有することになり、2015年に「玉皇宮」として祭祀に使われることになった[25]。春節や中元の時期には、こちらで盛んに祭祀が行われることになっている

25)　前掲「Singapore Chinese Temples 新加坡庙宇」（http://www.beokeng.com/）の「新加坡玉皇宮」の記事を参照。

春節の時期の玉皇宮

　すなわち、現在では天福宮と玉皇宮が並ぶ形となっている。玉皇宮は当然ながら玉皇大帝を主神として祀るものである。さらに三清や三官大帝も祀る。伝統的な道観としての機能を有する廟となっている。

　粤海清廟もまた古くからの廟として知られている。こちらは潮州系の廟であり、媽祖と玄天上帝を祀る。天福宮からそう距離は遠くない。ただ、ラッフルズプレイス（Raffles Place）駅近くのビジネス街にあるためか、高いビル群のなかに埋もれている印象がある。

　その創建は1826年かそれ以前とされており、潮州系の民だけではなく、広東系・客家系の人々からも信奉されていたようである[26]。この廟は他では見られない特徴がある。すなわち、同規模の廟が2つ並んでおり、片方が媽祖の廟、片方が玄天上帝の廟となっているのである。この廟については李天錫氏に論があり、次のように述べる[27]。

　　媽祖（すなわち天后聖母）は、現在では世に広く認められた地位の高い
　　航海の女神である。ただマレーシアのスブランプライ福徳祠においては、
　　天后聖母（媽祖）は玄天上帝などの神々の脇に配置されている。恐らく

---

26)　前掲許源泰『沿革与模式：新加坡道教和仏教伝播研究』53-54頁。

27)　李天錫「東南亞華僑華人玄天上帝信仰擧要」（『道韻』3集「玄武精蘊」）244頁。

　当時は玄天上帝などの陪神であったと考えられる。しかしシンガポール
の粤海清廟では、天后聖母と玄天上帝は左右の二つの廟に祀られており、
それぞれに優劣はなく、主神と陪神の区別も存在しない。（略）実は早期
においては、人々は玄天上帝を海神として祀っていたのである。そのた
め、比較的早い時期に伝来した玄天上帝は海神としての役割が大きかっ
たと考えられる。清の光緒皇帝の御筆の額には「曙海祥雲」とあり、こ
れは玄天上帝と媽祖を共に海神として讃えたために書かれた文言である
と考えられる。マレーシアの福徳祠、シンガポールの粤海清廟の媽祖と
玄天上帝を祀る状況から推測するに、天后の地位が上がる前には、媽祖
は玄天上帝など他の海神の陪神であった。その後は玄天上帝と地位を等
しくし、さらには進んで玄天上帝に代わって海神の最高位を占めるよう
になったのであろう。

ここでも示されているように、粤海清廟の媽祖と玄天上帝は、ともに海神と
して祀られていると考えられる。またこちらの廟にも光緒帝の扁額があり、
やや格式の高い廟として扱われていたことがわかる。
　粤海清廟に併祀される神は、感天大帝・花公・花婆などであり、こちらは
潮州系や広東系の信仰が色濃く反映したものとなっている。

ビル街にある粤海清廟

　ゲイラン地区にある古廟としては、順天宮（Soon Thian Keing）が挙げられる。ここは、大伯公廟である。もとは1812年の創建だというが、何度も場所を移転して存続している形である。現在の建物もそう古いものではない。

　大伯公（Tua Pek Kong）とは、シンガポールやマレーシアで多く見かける土地の神である。インドネシアにも存在する。しかし、中国や香港・台湾では土地公・福徳正神と呼ばれるのが一般的である。ベトナムでも大伯公ではなく、本頭公、あるいは土地公と称することが多いように思えた。タイでは、本頭公が一般の称である。

　この大伯公については、様々な議論があったが、窪徳忠氏はこれらを総合して次のように論ずる[28]。

　　陳達氏は、潮州や梅県地方で土地神を大伯公とよぶことに着目し、大伯公という呼称は「南洋」から中国で伝播したが、その基礎は広東・福建地方の土地神信仰だと考える。V. Purcell 氏は、陳達説に基づきながら、大伯公を、東南アジアに赴いた華人のパイオニア精神の神格化として、「純然たる外地の神」とみる。関楚樸氏は、洪門会頭の大龍頭や老大哥にあたる最高の職位が大伯公とよばれていたことを根拠に、大伯公信仰は会党の系統をひくとする。衛聚賢氏は、「南洋」に移住した呉の太伯の子孫が、その始祖を祀ったのが大伯公だと説き、韓槐準氏は、都公、都綱、拏公などと同様な水神とみる。許雲樵氏は、東南アジアにいった客家系の人々が、礦区内で土地神を祀って伯公としたのが始まりで、のちマレー語の Dato と連称されて大伯公となった、いいかえれば、土地神に由来しながらマレーシア独自の形をとったのが、大伯公だと説く。（略）鄺国祥、饒宗頤両氏は、広東の潮州や客家のあいだにも伯公という言葉のあることを根拠に、大伯公は客家のいう伯公、すなわち台湾の福建系の人々のいう土地公だと主張する。

---

28)　前掲窪徳忠『道教とアジアの宗教文化』319-320頁。

これらの説をふまえ、窪氏はさらに現地の聞き取り調査をもとに、大伯公は土地神であると論ずる。この説は妥当であると筆者も考える。

順天宮大伯公

たとえば順天宮のなかに入れば、そこは大伯公廟でありながら、「福徳正神」の額があることがすぐに看取できると思う。そして大伯公の姿は、ほとんど土地公と同じ姿である。大伯公の廟はシンガポール・マレーシアには数多く存在するが、そのあり方もほぼ土地神と同じであり、かつ福徳正神と併記されるところもある。

康格温氏もまたこれまでの説をふまえ、大伯公が土地公であることを主張する。ただ、シンガポールとマレーシアにおける大伯公は、財神の性格がより強く出ていることをまた示している[29]。

---

29)　康格温「神方聖域：大伯公信仰的神境与神能」（林緯毅主編『淡濱尼聯合宮崇奉諸国際学術研討会論文集』2014年）153-167頁。また酒井忠夫「シンガポール・マレーシア地域の華人の習俗・信仰と文化摩擦」（前掲酒井忠夫編『東南アジアの華人文化と文化摩擦』所収）334-338頁。

一般的な大伯公像

　ただ、シンガポールやマレーシアの土地神が大伯公と称されるようになった理由は、また別に存在すると考えられる。酒井忠夫氏、および許源泰氏の指摘によれば、ペナンにおいて会党を組織した張理という人物が、大伯公と呼ばれていたことがその原因であるという[30]。土地神は、功績のある人物が死後になることが多く、この場合も、死後土地神になったとみなされたために、その称が広まったという可能性が高いと考えられる。

　大伯公の像は、片方の手に杖を持ち、片方の手に金の元包を持つ白髪の老人の姿が一般的である。脇には、文官と武官が立つことが多い。他地域では杖でなく如意を持つ場合もあるが、いずれにせよ一般的な土地公の像と一致するものである。

　一方で、シンガポールとマレーシアの華人廟には、もうひとつ別の土地神が祀られているのをよく目にする。それが「拿督公」である。

30)　前掲酒井忠夫「近現代シンガポール・マレーシア地域における華人の社会文化と文化摩擦」11-12頁。また前掲許源泰『沿革与模式：新加坡道教和仏教伝播研究』70-73頁。

華人廟に付設される拿督公祠

　拿督公とは、もちろん中国大陸では見られない土地神である。また東南アジアの他の地域でもめったに見ない。シンガポールとマレーシアのほかでは、インドネシアにも存在する。またブルネイにも存在するようである[31]。

　拿督公とは何か。それはマレーシアの精霊ダトゥ（Datuk）が、中華系の神として祀られたものである。この神について、窪徳忠氏は次のように述べる[32]。

　　ダトゥとは、マレー人のあいだで古くから信ぜられていた神で、イスラームの伝来以前からマレーシア地方にあった同地方固有の信仰ともいわれている。イスラームの力のつよいなかにあって、このような神に対する信仰がいまなおマレー人のあいだに広範囲にわたって行われているのは、マレーシア地方に伝来したイスラームが、古くからあったアニミズムその他の信仰の存在を許容する、柔軟な考え方にたつ神秘主義のSufismだったためのように思われる。マレーの人々の考えによれば、一種の精霊（Spirit）といっても差し支えないダトゥは、祈れば、人々を守り、繁栄させ、願いを叶えてくれるけれども、いやな人間を病気にかからせ、

　　盲目にし、さらには殺したりできると同時に、ある地域を管理している。

本来は、ダトゥは神祠を必要としないものであったようだ。しかし、その後
「土地神化」が進んだようで、土地公と似たような祠を作って祭祀するように
なる。
　　酒井忠夫氏は、土地神と拿督公が並べて祭祀される例を報告している[33]。
この現象も、現在のマレーシアの廟などではたまに見られる。

拿督公と土地公が並んだ祠

　　これはアンパンにて見た祠である。マレー人の服装をした拿督公と、中国
の伝統的な土地公とが並べられ、祭祀されている。

3．クラーク・キーの保赤宮と鳳山寺

　　クラーク・キー付近にも古廟がいくつか存在する。なかでも目立つ存在は、
保赤宮と鳳山寺である。クラーク・キー近辺はもともと倉庫街であったの
を、再開発を行って大規模な商業施設を作りあげたところである。ただ、い
くつかの古廟だけは建物はそのままに、周囲が整備された形となっている。

---

33)　酒井忠夫「近現代シンガポール・マレーシア地域における華人の社会文化と文化摩
　　擦」（前掲酒井忠夫編『東南アジアの華人文化と文化摩擦』所収）339頁。

　保赤宮（Po Chiak Keng）は、また陳氏宗祠とも呼ばれ、陳姓の一族が開
漳聖王の陳元光を祀ったものとして知られている。ただ、のちに姚・虞・
胡・袁・田・孫・陸などの一族も、ここを宗祠として奉ずることになり、幅
広い宗族からの信仰を得ている[34]。創建は1878年で、数次の改築を経ている。

　開漳聖王の廟は、東南アジアに広く分布するものであり、また台湾にも数
多くの廟がある。伝承によれば、陳元光は唐代の将軍であり、漳州を平定す
るのに力のあった将軍であるという。当然ながら、漳州移民が広く奉ずる神
であり、漳州から移民が行ったところには、必ずといってよいほど開漳聖王
の廟がある[35]。

　台湾では台北士林の芝山岩恵済宮、台北内湖の碧山岩開漳聖王廟、高雄の
鳳邑開漳聖王廟などが規模の大きな廟として知られている。また宜蘭には20
箇所以上の聖王廟がある[36]。保赤宮の場合、併祀されている神は玉皇大帝・
媽祖・関帝・六十太歳などである。

---

34)　前掲「Singapore Chinese Temples 新加坡廟宇」（http://www.beokeng.com/）の
　　「保赤宮」の記事を参照。また「陳氏宗親網」（http://www.nanchens.com/）の「新加
　　坡保赤宮」の記事を参照。

35)　開漳聖王については、かつて筆者は『アジアの民間信仰と文化交渉』（関西大学出版
　　部2012年）185-190頁においても分析を行った。

36)　林仁川主編、湯毓賢著『両岸共仰漳台聖宗－台湾的開漳聖王信仰』（福建教育出版社
　　2012年）69-72頁。

クラーク・キー保赤宮

　ただ保赤宮については、漳州系の宗族の廟というだけではなく、広くシンガポールの福建・広東系の陳氏の共通の宗祠となっているという特色がある。大川富士夫氏の分析によれば、次の通りである[37]。

　　福建・広東両省にまたがる陳氏がその宗祠に会同して大宗族連合を形成した事情は1878年のシンガポールの保赤宮の成立によく示されている。シンガポールにはすでに道光二八年（1848）、広東台山の陳氏の宗族として穎川堂が設立されていた。（略）保赤宮の創建と発展については、保赤宮の記念特刊にのせる「保赤宮碑」にかなり系統的な叙述をみることができる。（略）光緒四年の保赤宮の創建は陳金鐘の提唱で閩派の陳氏だけでなされたが、光緒九年になって潮派との連合が行われたというのである。

　シンガポールの廟においては、時に出身地域を越えての結びつきが行われる場合があるが、保赤宮はその典型的な例といえるかもしれない。
　シンガポールには複数の鳳山寺（Hong San See）が存在している。鳳山寺

---

37)　大川富士夫「シンガポール・マレーシアにおける華人社会と宗族・宗祠」（前掲酒井忠夫編『東南アジアの華人文化と文化摩擦』所収）125-126頁。

は、すなわち福建泉州の南安人が信仰する広沢尊王の廟である。広沢尊王は、名を郭忠福といい、南安出身者や郭姓の一族によって祀られる。台湾や香港にも廟があり、東南アジアにも広く分布する[38]。

シンガポールでもっとも古い鳳山寺は、クラーク・キーにある水廊頭鳳山寺とされる。一名、「モハメッド・スルタン鳳山寺」であるが、これはモハメッド・スルタン通り（Mohamed Sultan Road）にあるのでこう呼ばれる。1836年の創建で、もとはタンジョン・パガー（Tanjong Pagar）付近にあった。1905年に政府がその土地を購入したため移転し、1908年に完成した[39]。

この水廊頭鳳山寺の前には、南安会館がある。すなわち福建の南安出身者と広沢尊王の祭祀は密接な関連を持つ。

水廊頭鳳山寺

やはり20世紀初頭の創建という別の鳳山寺が、チャンギ（Changi）地区に

---

38) 広沢尊王については、かつて筆者は『アジアの民間信仰と文化交渉』（関西大学出版部2012年）190-192頁においても分析を行った。東南アジアの広沢尊王信仰については、黄海徳「試論東南亜地区広沢尊王信仰網路的形成及其特徴」（鄭筱筠主編『東南亜宗教研究報告』中国社会科学出版社2014年）233-248頁に詳しい。

39) マレーシアの廟を中心に広く寺廟を紹介するサイト「AngKongKeng.com」（http://www.angkongkeng.com/）の「新加坡鳳山寺」の記事を参照。また「陳氏宗親網」（http://www.nanchens.com/）の「新加坡水廊頭鳳山寺」の記事を参照。

存在する。樟宜鳳山寺である。もっとも、こちらの建築は建て直されて、新しい建物となっている。

　主神は広沢尊王であるが、脇に玄天上帝と斉天大聖を祀る。さらに、広沢尊王の有名な配下の神である「十三太保」を祭祀する。その他、観音や財神、城隍神や中壇元帥なども祀り、様々な神々の習合する施設となっている。もっとも、こちらのほうがご利益のある一般的な廟の風情である。

チャンギ鳳山寺

　水廊頭鳳山寺は、前面に南安会館が設置されている。また丘の上に建物が建つような構造になっている。これは、福建南安の詩山にある祖廟を模したものである。むろん、祖廟のほうが規模はさらに大きい。

南安詩山鳳山寺祖廟

4．ホウカンの斗母宮と九皇大帝

　ホウカン（後港）には、有名な古廟である後港斗母宮（Hougang Tou Mu Kung）がある。実のところ、シンガポール・マレーシアを通じて華人の最大の宗教行事は、この九皇大帝の「九皇祭」となる。その祭りは旧暦の九月九日前後に行われる。その廟会のあり方は、かなり台湾の廟会に似ており、八家将が登場したり、様々な芸陣が展開したり、獅子舞が行われたりする。

　ただ、中国大陸でも、台湾・香港でも、ほとんど九皇大帝（Nine Emperor Gods）という神格については目にすることは少ない。筆者も、これまでの調査で該当の廟を見たことはない。

　しかし、シンガポールやマレーシアでは九皇を主神とする廟が多く存在し、また各所の廟に付随して九皇殿・九皇宮などがあるのを見かける。大伯公と同じく、東南アジアで特異に信仰が発展したものといえる。

　もっとも、九皇大帝を祀る廟の多くはまた斗母宮・斗母殿とも呼ばれる。廟に入ると、九皇大帝と斗母が同時に祀られていたり、単に斗母があるだけだったり、様々である。像そのものがなくて木主だけの場合もあれば、9名の像が飾られているところもある。どうにも、性格のつかみにくい神である。また斗母との関係もいまひとつわからない。

　早くにこの九皇について指摘したのは原田正巳氏である。いま氏の論に負いつつ、検討を加えたい[40]。

　　九皇爺は本来いかなる神であるのか、朱金濤・劉果因両氏の伝えるところを記しておこう。（略）
　　（甲）九皇爺は斗母の化身であるので、神殿には、つねに「斗母宮」の三字が記される。
　　（乙）九皇爺は南斗と北斗の化身で、一は生を現し、一は死を現すので、広く人間の運命と生死とを司る神であり、『楚辞』中の大司命と少司命の如きものである。

---

40)　前掲原田正巳「マレーシアの九皇信仰」7頁。

（丙）一説には、九皇爺は九人の義士で、生前、清室に反抗して乾隆帝に殺され、厲鬼となって祟ったので、乾隆帝が彼らを九皇爺に封じたともいう。

（丁）また一説に、黄巣造反の時に兄弟九人が殺されたのを民間で神として祀ったともいう。

まったくもって、その正体は不明である。１名なのか、９名なのかも判然としない。現在においても、九皇大帝に関しては、その出自に対して定説はないといってよい。義士が殺されたという話も、王爺の伝説に似て、いかにもありがちな話である。

　一方で、李豊楙氏は台湾の王爺と九皇爺の類似性について指摘する[41]。李氏は、台湾で広く行われている王爺の「送王船」行事と、東南アジアで行われる「九皇船」行事の類似に注意し、もともとマレーシアでも王船を作っていたものが、九皇船に変わってしまったということに注目する。実際に、いまはシンガポールやマレーシアでは王船の行事を見ることはほとんどなく、この九皇船の行事に置き換わってしまっているものと推察される[42]。

　ただ、斗母との関連から、九皇爺が星神の性質を有することも一般に知られている。貪狼、巨門、禄存、文曲、廉貞、武曲、破軍の七星に左輔、右弼の２つの星を加えた北斗の九星が九皇大帝であるともされるのである。

　確かに、斗母宮に行くと、多くの場合祀られているのは斗母、九皇大帝、南斗星君、北斗星君である。九皇大帝が星の神と考えられているのは間違いない。

　浙江の楽清付近では、斗母自体を「九皇」と称する例があるという。尚洪

41)　李豊楙『従聖教到道教—馬華社会的節俗、信仰与文化—』（台大出版中心2018年）210-238頁。

42)　とはいえ、マラッカではかつて行われた王船の行事を復活させる運動があり、2001年と2012年に「五府王爺」の王船行事が行われている。これについては、蘇慶華「麻六甲王船巡遊的譜系：以麻六甲勇全殿為例」（『華人宗教研究』国立政治大学・第９期2017年）213-239頁を参照。

浦氏は次のように述べる[43]。

> 北斗聖母は、楽清では俗に九皇と称する。（略）道教の斗母は、三目四首
> 八臂であり、手に日月、弓、戟、鈴、杵などの宝器を持ち、手印を結ぶ。
> 楽清の斗母信仰は両派に分かれ、片方は道教の正神としての北斗聖母を
> 主とする斗母派である。もう片方は、星宿を主とする九皇派である。

　九皇大帝は、斗母とその周辺の九星の信仰に、王爺などの別の神の性格が
加わった一種の複合神であると考えられる。むろん、マレーシアやシンガポー
ルでの独自の発展を遂げたものであろう。陳志勇氏は、北斗星君と斗母の関
係について以下のように述べる[44]。

> 元と明の時代には、人々は星を神格化したが、同時に世の習俗に従って、
> 具体的な特徴を持った人格化も行われた。例えば、北斗九星にその母を
> 設定することなどがその例である。『北斗本生真経』では、周御国の王妃
> の紫光夫人は九人の王子を生み、その長子と次子は玉皇大帝と紫微大帝
> で、他の七名は北斗星君であったとする。そして夫人自身は斗母となっ
> た。その像は三目四首で、左右にまた四本の手を有していた。また『本
> 命延生心経』によれば、元始天尊の陰の気が化して斗母となったとする。
> 斗母の梵気はまた化して九皇が生じた。これにより、九皇は先天の大神
> とされる。およそ九皇を尊ぶ場合は、同様に九皇の母である斗母も尊ば
> ねばならない。しかし、いずれの場合においても九皇神と斗母神の崇拝
> は、共に影響しあう形で続いてきた。このように、斗母と九皇神の初期
> の信仰が形成されたのである。

　陳氏はまた中国大陸の各地で「九皇会」が行われていたことや、戯神とし

---

43)　尚洪浦『楽清道教与民間信仰研究』（線装書局2016年）211-212頁。

44)　陳志勇「道教『九皇神』与民間戯神信仰考」（『宗教学研究』2009年第3期）9頁。

て扱われていたことを指摘する。

　さて、ホウカンの斗母宮であるが、その淵源は1902年まで遡れるという。現在の位置に移ったのは、1921年のこととされる。いまでも古い建築が残る伝統的な廟である。主神は斗母と九皇大帝であり、側に註生娘娘や、慈航真人として観音を祀る。また脇には法主公や土地公などの神の像が数多く並べられている。

ホウカン斗母宮

　先の聯合廟のときにふれたマクファーソンの衆弘善堂九皇宮であるが、こちらも九皇大帝を主神として祀る廟となっている。

　こちらは、脇の従神が宋大峰祖師と感天大帝となっている。すなわち潮州系の廟であると考えられる。しかし、こちらの九皇大帝の像は1体のみの像で、斗母像とも違い、法師のような姿にも見える。

マクファーソン九皇宮

このほか、中心に斗母があって周囲に帝王風の9名の像がある場合もあり、九皇大帝の像容はまことに定まらない。ただ、9名の像を配するのは、ややあとになってからのことではないかと推察する。

5．マレーシアのババ・ニョニャ文化

マレーシアの華人廟は、やはり歴史の長いマラッカ（Malacca 馬六甲）とペナン（Penang 檳島）の両地に古いものが存在している。

またクアラ・ルンプール（Kuala Lumpur 吉隆坡）近郊でも、アンパン（Ampang 安邦）やクラン（Klang 巴生）のように古くから発展したところには、多くの華人廟がある。クアラ・ルンプールの北には、イポー（Ipoh 怡保）があり、こちらも古くからの華人の住人が多く、かなりの数の華人廟が存在する。

19世紀のマラッカの華人の状況については、酒井忠夫氏が次のように述べる[45]。

19世紀には、華人集住地の主要の都市で、華人の会館が生れる時代に入

45）　前掲酒井忠夫「近現代シンガポール・マレーシア地域における華人の社会文化と文化摩擦」14-15頁。

るが、地域によっては会館（幇）共同体の形成・発展に差違があったように考えられる。マラッカでは、福建の漳・泉二州出身華人を主としてカンポン共同体が生長し、その指導者層から出たカピタンを中心として土着化 Baba 化が進んだ。彼らの間には土着意識も高まってきた。カンポン＝ヒナ共同体の指導者層は安定した職業を営み、マラッカ経済の有力なにない手となり、カンポン＝ヒナ共同体を核にいわゆるギルド＝マーチャントを成立させるに至った。（略）イギリスが18世紀末にマラッカに進出した時は、マラッカの華人は僅か数百まで減少したのが、18世紀から20世紀初にかけて増加した。（略）この増加は、これまでの漳・泉二州出身者を中心とするカンポン＝ヒナ共同体華人の外に、「新客」が流入したことを示している。多数の福建からの新たな移住華僑を加えて、華人集団は福建会館を作るようになった。新客流入のもとで、他の広東省出身者華僑も客家もそれぞれ会館を作るようになった。このような動きがみられる19世紀には、イギリス支配下において崩れたカンポン＝ヒナ共同体の華人集団の間には、カピタン及びその系列の青雲亭の亭主層のBaba 指導者集団と没落する Baba 華人層とに分化した。前者の中には鄭氏の滎陽堂・曾氏の龍山堂・陳氏の潁川堂の如く、宗祠のもとに同族的結合を固めるものがあった。

　ここで言及される Baba とは、すなわち「ババ・ニョニャ（Baba Nyonya 峇峇娘惹）」のことを指す。これは別に「プラナカン Peranakan」とも称される。
　一般には、中国南方から東南アジアに渡来した華人たちの男性を「ババ」と称する。彼らは単身で渡来することが多かった。女性は出国が難しかったという事情もある。そのため、ババたちは現地で現地人の妻を娶って土着化していった。この現地人の女性が「ニョニャ」と称される。こういった華人文化と東南アジアの地域文化が文化交渉の末、混じった文化を「ババ・ニョニャ文化」、あるいは「プラナカン文化」と称する。必ずしも混血を伴うわけではないともされる[46]。このババ・ニョニャ文化は、建築・料理・服飾など

の様々な領域におよんでおり、独自の文化を形成している。

マラッカ・プラナカン博物館前

　古い街並みを残すシンガポールの各地においては、いまでもババ・ニョニャ文化の影響は感じられるが、再開発が進んだ地区では、やや薄らいだ感がある。現在では、建物などではむしろマラッカ・ペナンなどのほうに濃厚な影響が残っていることが看取できる。あるいは、現在シンガポールで影響が残るのは、飲食文化のほうかもしれない。

　またマラッカ・ペナンの場合、廟の移転などはあるものの、シンガポールのような聯合廟になることもなく、旧来の位置か近い場所にあることが多い。その点では、シンガポールと状況が異なる面もある。

６．マラッカの青雲亭と三多廟

　マラッカは古くから華人の住む街であり、華人たちはここからペナンやシンガポールへと活動地域を広げていった。多くの古廟が現在でも残されている。

46）　前掲酒井忠夫「近現代シンガポール・マレーシア地域における華人の社会文化と文化摩擦」5頁。また日本語ウィキペディア（https://ja.wikipedia.org/wiki/）の「プラナカン」の項目を参照。

　ジョンカー通り（Jonker Walk）にある古廟、青雲亭（せいうんてい）（Cheng Hoon Teng
Temple）は15世紀の創建とされる。また一説には1673年の創建、1894年の改
建とされる[47]。

マラッカ青雲亭

　青雲亭は、単なる廟というより、かつて存在したカピタン政庁の所在地で
もあった。これついては大川富士夫氏に次のような説明がある[48]。

　　カピタン（甲必丹）は Kapitao（ポルトガル語）又は Kapiten（オランダ
　　語）の音訳で、1619年に東インド諸島で、蘇鳴崗が任命されたのに始ま
　　るが、マレー半島ではポルトガル領マラッカに始まり、オランダに受け
　　つがれた。カピタンは、オランダ政府に任命されたから、オランダの忠
　　僕として上意下達の性格があり、カピタンの事務所である青雲亭はその
　　政庁であるが、同時にカピタンは華人共同体の利益代表者であり、青雲
　　亭もマラッカ華人共同体の団結の中心であったとみられる。現在の青雲
　　亭は純然たる仏寺で、マラヤ最古の寺院として偉容を誇っているが、青

47）　周沢南・陳漱石『追根・馬来西亜廟宇与宗祠巡遊』1巻（大将事業社2003年）54-55
　　頁。
48）　大川富士夫「シンガポール・マレーシアにおける華人社会と宗族・宗祠」（前掲酒井
　　忠夫編『東南アジアの華人文化と文化摩擦』所収）107頁。

　雲とは、「青眼をもって広く観察し、……慈雲をいたるところになびかせ
　て衆の危難を助ける」という意味である。

　マラッカがイギリス領になったあとは、カピタンを任命する制度はなくなっ
たが、青雲亭が華人コミュニティの中心であることは維持された。むろん現
在は、観光名所の仏寺としての性格が強くなっている。ただ、現地の人々は
依然として熱心に訪れて参拝している。現在はユネスコの世界遺産にも登録
されている。
　青雲亭の正殿の主神は観音菩薩である。併祀する神々は、保生大帝、媽祖、
関帝、文昌帝君などとなっており、別に大伯公や大衆爺などの神も祀られて
いる。仏教が中心となっているものの、儒・道・仏を兼ね備えた廟という性
格が強い。地域的には閩南漳州系に属する廟である。
　なお後部の虎爺は特異なものとして知られており、ひとつだけではなく、
複数の虎爺の像が集まったものとなっている。

青雲亭の虎爺

　マレーシアの虎爺を祀る廟では、「拝虎爺打小人」という儀式が行われるこ
とが知られている[49]。マラッカでは青雲亭のこの虎爺を中心に儀礼が行われ
るとある。
　ジョンカー通りには数多くの廟があり、各地の会館なども並んでいるが、

古廟としては三多廟（Sam Toh Tong）が知られている。1795年の創建であり、大伯公を主神として祭祀する廟である。大川富士夫氏は三多廟について次のように述べる[50]。

　　青雲亭の近くにある三多廟は乾隆末年の創建である。三多とは財・寿・児の三つが多いことを指し、大伯公を主神とし、関帝・媽祖および観音をまつっているが、今堀誠二氏によれば、ここは広東人が結集していたといわれる。福建・広東以外の同郷団体は、宝山亭近くに広西同郷会があるだけである。

マラッカ三多廟

　現在も三多廟の主神は大伯公であるが、正殿に併祀するのは、註生娘娘、華陀仙師の二神である。張法主公なども脇に祀られている。
　華陀は医薬の神であり、華人廟においてはよく祀られる存在である。しかし、閩南系の廟においては、医薬の神としては保生大帝が圧倒的に強いので、これは広東系の影響であるかもしれない。

49)　邱彩韻「馬来西亜華人地区的虎爺信仰与打小人儀式」（前掲陳益源主編『台湾虎爺信仰研究及其他』所収）713-719頁。
50)　大川富士夫「シンガポール・マレーシアにおける華人社会と宗族・宗祠」（前掲酒井忠夫編『東南アジアの華人文化と文化摩擦』所収）114頁。

　マラッカで、もうひとつ古廟として知られるのは、宝山亭（ほうざんてい）（Poh San Teng Temple）である。ここは現在のジョンカー通りなどのマラッカの中心部より、やや南側に位置する。この廟の後面には、ブキット・チナ（Bukit China）という丘がある。ここは広大な華人墓地である。

　宝山亭は、また別に「三宝廟（Sam Po Kong Temple）」とも称され、1795年に蔡士章によって建てられたという。主神となるのは大伯公であり、媽祖を併祀する。この「三宝」はまた「三保」と書き、「三保太監（さんぽうたいかん）」鄭和（ていわ）に由来するものとされる。現在では奥のほうに鄭和の像も置かれている。とはいえ、鄭和がマラッカを訪れたのは永楽三年（1405年）のことであり、その時のものはほとんど残っていない。日比野丈夫氏の考証によれば、当時はマラッカには華人は非常に少なかったようである[51]。

マラッカ宝山亭内部

　東南アジアには、シンガポールにも広大な華人墓地があり、ブキット・ブラウン墓地（Bukit Brown Cemetery）が有名である。マラッカのブキット・チナ墓地は、それに比肩する巨大な墓地である。丘の上がすべて墓地になっており、1万2千基以上の墓が存在するとのことである[52]。

51）　日比野丈夫「シンガポール・マラヤにおける華人の発展」（前掲酒井忠夫編『東南アジアの華人文化と文化摩擦』所収）51頁。

　またこの墳墓群については、保存を行うべきかどうかをめぐって、政治と華人社会の間で様々な軋轢を生じたところでもある[53]。

ブキット・チナ墳墓群

　現在の宝山亭は著名な観光地のひとつとなっており、多くの観光客が訪れる廟でもある。手前には三宝井と呼ばれる古い井戸があり、こちらも観光客が写真を撮るスポットとなっている。

7．マラッカ保安宮と祖師信仰

　マラッカの古い廟としては、ほかに保安宮（Melaka Poh Onn Kong）がある。正確な創建年代は不明であるが、推測によれば清の乾隆年間の造営という。一説には1856年の建になる[54]。ただ、現在は新しく建て直されており、新しい廟である印象を受ける。

52）　中文ウィキペディア（https://zh.wikipedia.org/wiki/）の「三保山」の項目を参照。

53）　前掲李豊楙『従聖教到道教―馬華社会的節俗、信仰与文化―』50-52頁参照。

54）　前掲のサイト「AngKongKeng.com」（http://www.angkongkeng.com/）記事、および中文ウィキペディア（https://zh.wikipedia.org/wiki/）の「保安宮」の項目を参照。

マラッカ保安宮

　主神は三坪祖師と、清水祖師、三代祖師である。また併祀されているのは、天后媽祖、朱府王爺、中壇元帥である。

　三坪祖師は、また三平祖師とも書かれることがあり、三平義中という唐代の高僧である。別号として「広済大師」の称がある。主として福建漳州で信仰が盛んであった神である。

　この保安宮について大川富士夫氏は次のように述べる[55]。

　　現在、Bunga Raya 街にたっている保安宮には、観音を主神として、関帝・天上聖母・玄天上帝をまつるほか、清水祖師公・三坪祖師公・三代祖師公の禄位を安置している。禄位に見る三坪祖師公は、同宮の入口にも光緒丙午年（光緒三二）銘の「三坪祖師」の扁額があり、光緒末年に三坪寺となったときの祖師の意であると思われるが、清水祖師は、ペナンの蛇寺やシンガポールの金蘭廟など、広く星馬地域で信仰されている閩南の地方神である。（略）青雲亭は全マラッカ華人の政庁であり、信仰の中心であったが、青雲亭の下部の福建人の信仰の場として、閩南の地方神清水祖師をまつったのが保安宮ではなかったかと思われる。

55）　前掲大川富士夫「シンガポール・マレーシアにおける華人社会と宗族・宗祠」112頁。

　ただ現在、三坪祖師を主神とする廟は少ない。その意味では保安宮は貴重な存在である。もっとも、このことにはいくつかの問題が含まれている。

　福建・台湾の民間信仰においては、清水祖師の信仰が強い。台湾に行けば、あちこちで清水祖師廟を見ることができるし、艋舺清水岩、三峡清水祖師廟などのように知名度の高い廟も数多く存在する。

　清水祖師は号を普足、俗名を陳昭応（異説あり）といい、北宋時代の高僧である。福建泉州安渓の清水岩をその本山とする。僧侶であるが、その祭祀は一般の民間信仰と変わるところはない[56]。安渓の出身者が好んで祀っており、安渓人のコミュニティと関連が深い。

　シンガポールやマレーシアにおいても、清水祖師廟は数多く存在する。ただ、台湾との相違は、台湾では圧倒的に清水祖師廟が多いのに対し、マレーシアなどでは、他の祖師廟も存在することである。

　他の祖師とは、唐の慚愧祖師、宋の顕応祖師、普庵祖師などである。いずれも僧侶でありながら、民間の廟で祭祀されることの多い人物である。これらの祖師は、時に単独で、また清水祖師や三坪祖師とともに祭祀されることがある[57]。

　謝玉美氏の指摘によれば、清水祖師、顕応祖師、三坪祖師の祖師たちは、これを一体のものとして扱う場合が多かったようである[58]。

　　龍山寺では清水祖師を祭祀するに当たって、「清水三位一体」の説を採用している。つまり、泉州安渓清水岩鬼湖洞の「清水祖師公」と、泉州湖

56）　清水祖師の研究は数多く存在するが、ここでは劉家軍・謝慶雲主編『清水祖師文化研究』（厦門大学出版社2013年）、辜神徹『台湾清水祖師信仰』（博揚文化2009年）などを参照した。

57）　慚愧祖師については、黄素真「辺陲区域与慚愧祖師信仰—以林𣏗埔大坪頂地区為例」（『地理研究』第42期2005年）73-104頁を参照。また三坪祖師については、張志相「台湾三平祖師信仰起源問題新探—三平義中与三平寺」（『庶民文化研究』第2期2010年）37-76頁などを参照。

58）　謝玉美「三平祖師信仰及其在台湾的発展」（玄奘大学修士論文2017年）96頁参照。

　頭泰山岩の「顕応祖師公」と、漳州平和三平寺の「三平祖師公」を一体のものとして扱っているのである。

　謝氏はまた、台南の「広済廟」が、その名称からして明らかに「広済大師」たる三坪祖師の廟であることを示すにもかかわらず、清水祖師を祀る廟となってしまっている例を指摘する[59]。すなわち、台湾では清水祖師の信仰が強いため、三坪祖師が主神であってもそれが意識されず、清水祖師に変わってしまうという現象も起こっている。先に引用した大川氏の論でも、保安宮を清水祖師廟であると扱っている。この認識も残念ながら誤りである。これらの廟では、清水祖師と三坪祖師・三代祖師などを併祀することが行われているので、その点で誤解しやすいところもある。

　むろんマレーシアでも清水祖師信仰は強いが、それでも保安宮のような主神とする廟が残り、かつまた普庵祖師や慚愧祖師を祭祀する廟もそれなりに残っているため、むしろ東南アジアの廟のほうが本来の姿を留めているように思われる。

　マレーシアでもっとも知られている清水祖師廟には、ペナンの通称「蛇寺（へびでら）」がある。実際には「スネークテンプル（Snake Temple）」の呼称のほうが知られている[60]。

　その通称とおり、廟のなかに多くの蛇がいる寺院である。本殿の祭壇の上、額のところなどに蛇がいる。もともとの蛇の数はもっと多かったらしいが、現在ではその数を減らし、かつ観音堂のほうでは観光客向けに蛇の写真を撮れるようになっている。すっかり観光名所になっており、実際には清水祖師廟だということがあまり意識されていない。

　黄懐徳氏はこの蛇寺について次のように述べる[61]。

---

59)　前掲謝玉美「三平祖師信仰及其在台湾的発展」100頁。

60)　英文ウィキペディア（https://en.wikipedia.org/wiki/）の「Snake Temple」の項目を参照。

61)　黄懐徳「東南亜地区清水祖師信仰網路的形成及其特徴」（前掲劉家軍・謝慶雲主編『清水祖師文化研究』）186頁。

　この廟は扁額に「青雲岩」とあり、マレーシアのペナン島にある。清の道光三十年（1850）に建てられたもので、安溪の祖廟から分祀された清水祖師廟である。左右の後殿には天后聖母と関聖帝君と福徳正神を祀る。この廟が建てられてから、多くの蛇が出入りしては供物などを持っていくのが当たり前であったという。伝説によれば、清水祖師の誕生日である正月七日から一週間くらいに、蛇の出現量が突然増えるとのことである。これらの蛇は毒性を持つもので危険であったが、なぜか廟のなかではおとなしく、人を傷つけることもなかったという。当地の信者は、これを清水祖師の法力によるものと考えたという。

　蛇寺の主殿には清水祖師、脇には註生娘娘と閻羅天子がある。その前には、三十六天君の小さな像が置かれている。

ペナン蛇寺主殿において眠る蛇

　マラッカでは中心部に峯山宮があり、估俚文物館という文物館を兼ねているが、こちらも有名な清水祖師廟である。ただ、マラッカではほかにそれほど大きな清水祖師廟は見かけない。これも、むしろ古い形を存するものであると考える。

8. ペナンジョージタウンのコンシー

　マレーシアのペナン島で、古い廟が立ち並ぶ地区として有名なのは、なんといってもジョージタウン（George Town）地区である。マラッカと並んで古い街であり、世界遺産にも登録されている。マラッカ同様に、プラナカン建築が立ち並び、セント・ジョージ教会（St. George's Church）などの古い教会や、カピタン・クリン・モスク（Kapitan Kling Mosque）などの巨大なモスクなども存在する。しかし、やはり圧倒的な存在感を示すのは華人廟である。

　有名なところでは、恵沢尊王廟であるヤップ・コンシー（Yap Kongsi 葉公司・慈済廟）、王孫大使廟であるクー・コンシー（Khoo Kongsi 邱公司・龍山堂）、観音菩薩を祀る観音亭（Kuan Yin Temple）などがある。公司はその地の宗祠を持つ一族が経営する組織を指す。地縁的な組織である会館と、同時に血縁を重視する宗祠とは、別組織に見えつつも、時に似たような性格を有するものであると、大川富士夫氏は指摘する[62]。

　　たとえば、同族団体であっても華南の一地方出身の一姓によって作られる某氏公会・某氏同郷会のように、同郷会館と同族組織の二性格をあわせもつものもある。したがって地縁的な同郷会館と姓・族などの地縁的宗祠とは平行関係にあり、発生を異にするものではない。

続けて、大川氏はペナンの5大姓について述べる[63]。

　　マラヤにおける同族団体は、閩粤と相似たきびしい社会的環境におかれた華人が故郷から分祀した寺廟を中心に、故郷と同じような同族の村落を作ろうとしたことから生まれたものである。もちろん、これはすべて

---

62)　前掲大川富士夫「シンガポール・マレーシアにおける華人社会と宗族・宗祠」119頁。

63)　前掲大川富士夫「シンガポール・マレーシアにおける華人社会と宗族・宗祠」120頁。

の宗族にあてはまるものではなく、有力な宗族に限られている。ペナン
では五四の祠堂が存在するが、とくに邱氏龍山堂・謝氏宗徳堂・林氏九
龍堂・陳氏頴川堂・楊氏植徳堂など、福建系の有力な5大姓の宗祠が有
名である。

大きな宗祠の例として、先にはシンガポールの保赤宮の事例も見た。これら
の大きな一族が経営するのが公司であり、商業だけではなく、学校の経営に
も関わることがあった。現在、会社の意味で使われている公司とやや別の意
義を持っている[64]。

　邱公司龍山堂は、その壮麗な建築で有名で、現在でも観光名所となってい
る華人廟である。これについては日比野丈夫氏が紹介している[65]。

　　東南アジアにおける屈指の豪華な祠堂として有名な邱氏龍山堂というの
　　は、福建省泉州海澄県出身の邱氏一族の祠堂であるが、これを中心とし
　　た集団のなかには同地方で邱氏ととくに関係が深かった曾氏をも含んで
　　いる。つまり、龍山堂は邱・曾両氏の団結や親睦の中心なのである。そ
　　の主神は4世紀の末に淝水の戦争で、前秦の苻堅の大軍を打ち破った東
　　晋の謝安で、これを大使爺とか使頭公などと称している。龍山堂の創立
　　は1851年（咸豊元）に遡り、現在の建物は1906年（光緒三十二）のもの
　　である。創立の当初は大使爺だけをまつっていたのだが、のちに福徳祠
　　（土地祠）と祖先の神主とを安置する貽穀堂というものを左右に付設して
　　今日に及んでいる。

現在この廟は、廟としてよりも観光地としての機能が強くなっている。龍山
堂とされるが、廟の名前としては正順宮となる。主神は王孫大使であり、脇

---

64)　これについては前掲李豊楙『従聖教到道教―馬華社会的節俗、信仰与文化―』102頁
　　の議論を参照。
65)　前掲日比野丈夫「シンガポール・マラヤにおける華人の発展」77頁。

には福徳正神を祀る。

ペナン邱公司龍山堂

　王孫大使は、日比野氏の述べている謝安であるとする説もあるが、多くは
その甥の謝玄を指す。別の号に「謝府元帥」がある。また「四舎爺」の称も
ある。謝安は一般に「広恵尊王（こうけいそんのう）」であり、これは別の神と考えるべきであろ
う。

　一方で、謝府元帥は宋代の人物で謝聖賢という名であるともされる。さら
に、明末の人であるとの説もある。台湾の廟では、謝玄以外の人物を王孫大
使として祀る例もある。

　ヤップ・コンシーは、廟としては慈済宮という名を持っている。こちらは、
恵沢尊王（けいたくそんのう）を祀る廟である。隣に葉一族の祠堂が付設されている。

ペナン葉公司慈済宮

　恵沢尊王は、南宋の人物で名を葉森という。福建泉州の南安において祭祀
される神である。当然ながら、葉一族はこれを祖として祀っているわけであ
る。

　大川富士夫氏は次のように述べる[66]。

　　ペナンの葉氏公司が「恵沢尊王」を奉祀して、いつ慈済宮をたてたのか
　は明らかではない。（略）1935年に廟地を得たにもかかわらず、大戦のた
　めに廟宇の建設が1955年になってしまった事情をのべているが、ペナン
　在住の葉氏はそれ以前から「恵沢尊王」の香火を奉祀していたようであ
　る。（略）「恵沢尊王」をまつった廟としては、クアラ・ルンプールに、
　泗岩味の南陽宮、洗都巴刹の南陽宮、増江新村の南陽宮および怡保律三
　条石の朱明宮がある。いずれも葉姓の守護神「恵沢尊王」信仰を中心に
　葉氏の同族組織が維持しているものである。

大川氏が指摘しているように、恵沢尊王の廟はマレーシアや他の地域でもよ
く見かけるものである。
　インドネシアのジャカルタのチャイナタウンとされるグロドック（Glodok）

―――――――――――

地区には、多くの華人廟が存在するが、そのなかでも特に有名な金徳院（Kim Tek Ie）という寺院に、いくつかの華人廟が併置されている。

　金徳院は1650年に創建された古い廟であるが、2015年の火災でほぼ全焼した。主神の観音菩薩像は無事だったものの、他の像などはほぼ失われてしまった。筆者が調査した2017年の時点では、まだ再建中であった。

　ただ手前に存する恵沢廟・玄壇宮・地蔵殿などいくつかの廟は被害に遭わずに残っている。そのうちのひとつが、恵沢尊王を祀る恵沢廟である。おそらく他の廟と同様に、葉氏一族によって建てられたものと考えられる。

ジャカルタ恵沢廟

　また、マレーシアのクアラ・ルンプール（Kuala Lumpur）近郊の増江（Jinjiang）に、華人の多く住む地区があるが、こちらにも恵沢尊王廟は存在する[67]。すなわち増江南陽宮である。この南陽宮に並ぶ形で、福沢堂と鳳山寺が建っている。

　恵沢尊王廟の南陽宮と、広沢尊王廟の鳳山寺がほぼ同規模で並んで建っている状況は興味深い。一方で、これはまたいくつかの問題を含むものである。

---

67)　増江新村については、マレーシアのトゥンク・アブドゥル・ラーマン大学の調査レポート（Lim Ming Sian:2010: http://www.utar.edu.my/dssc/file/Jinjang.pdf）を参照した。

増江南陽宮

　福建閩南の「四大聖王」とされるのは、泉州南安の広沢尊王、同じく泉州南安の恵沢尊王、漳州の広恵尊王、漳州の開漳聖王の4神である。このうち、広沢尊王の鳳山寺や、開漳聖王の廟についてはすでに述べた。

　これらの神々は歴史上功績のあった人物が神になったもので、その経緯は関帝とよく似ている。一方、台湾で有名な王爺とは、名称は似ているが異なる点も多い。一般的に王爺は瘟神系の神であり、「代天巡狩」の機能を有し、祭祀には「送王船」などの行事が行われる。聖王はこれらの機能を持たない場合が多い。とはいえ、聖王も表現上は王爺と呼ばれることもあり、時に混同も起こる。

　台湾でも聖王廟は数多く存在するが、その大半は広沢尊王廟と開漳聖王廟である。おそらく、台湾では恵沢尊王廟はほとんど存在せず、広恵尊王廟も数は少なかったと思う。むろん、東南アジアでも、数が多いのは広沢尊王廟と開漳聖王廟である。ただそれにしても、台湾の場合はバランスを欠いているように思える。恵沢尊王も祀られてはいるが、だいたいは広沢尊王に併祀される形である。

　これは、三坪祖師が単独での祭祀が少なくなり、ほとんどが清水祖師廟に吸収される形になっていった動きと通ずるものがある。民間信仰においては、ある特定の信仰が強くなると、他の類似した信仰が混同されてしまい、一本化される形で吸収されることが起きがちなのである。もちろん、葉氏一族の

力が強かった東南アジアと、そうでなかった地域の差は当然存在すると思われるが、あまりにも集中化が進みすぎると、それ以前の状況が追えなくなってしまう。そういった意味では、広沢尊王と開漳聖王の信仰が強すぎる現状は、やや行き過ぎた面があると考える。

9．クラン・ジェティーの華人廟

　ジョージタウンの東側、対岸のバタワース（Butterworth）へ渡るフェリーの港に近く、クラン・ジェティー（Clan Jetty、Clan Jetties）と呼ばれる地区がある。

　ジェティーは桟橋であり、クランは氏族である。ここは海の上に桟橋が突き出し、その上に住民が暮らす家が建てられている地区である。ある特定の一族がこの桟橋の家に住み、そのために、「姓王橋 Ong Jetty」「姓林橋 Lim Jetty」「姓周橋 Chew Jetty」「姓李橋 Lee Jetty」などの呼称がある[68]。

海の上に建つ家

　これらの桟橋の家屋は、本来は壊されるはずであったが、整備されて世界遺産に登録され、いまは観光名所になっている。もっとも、いくつかの桟橋は壊されてしまった。

68）　中文ウィキペディア（https://zh.wikipedia.org/wiki/）「姓氏橋」の項目を参照。

　これらの桟橋の岸の部分、また桟橋の先には、いくつかの小さな華人廟が建てられている。この桟橋に住む人々が中心となって作った廟である。ジョージタウンのコンシーのような大廟とはまた異なる性格を持っている。

桟橋の両脇に建つ家

　クラン・ジェティーのやや南側になるが、観音を祀る玄母殿（Hean Boo Thean）は、海上に建つ廟でありながら、そこそこの規模を持つもので、主神の観音菩薩のほか、玄天上帝や保生大帝など、数多くの神々を祀る。創建は1972年である[69]。

69）　前掲「AngKongKeng.com」（http://www.angkongkeng.com/）の「玄母殿」の記載を参照。

クラン・ジェティー玄母殿

　姓李橋（Lee Jetty）の根元あたりに建つ金鞍山寺（Kim Aun San Si）は、「寺」と称するものの、まったくの民間の廟である。主神は保生大帝。この呼称は、福建漳州の保生大帝の祖廟に由来するものである。1972年に建てられたとする。脇には註生娘娘などが祀られる。小規模な廟である。

クラン・ジェティー金鞍山寺

　次に姓陳橋（Tan Jetty）に入る地点に、昭応殿がある。こちらは開漳聖王廟である。さらに岸のほうには海外宮もあるが、こちらは太上老君廟である。清水宮は斉天大聖廟で、観音菩薩や福徳正神も祀る。
　姓周橋（Chew Jetty）に入るところには朝元宮がある。こちらは保生大帝

廟である。そして、この桟橋の海に突き出たところに、感天宮がある。この廟については、完全に海の上に存在する廟となっている。感天宮は玄天上帝廟である。

クラン・ジェティー陰陽殿

　姓林橋（Lim Jetty）には、入るところに日月壇がある。ここは金天大帝を祀る廟である。また媽祖も祀り、さらに隣に陰陽殿があり、ここは大士爺を祭祀する場所となっている。

　このように、一定の氏族がそれぞれ関係の深い神々を祭祀するのがこの地域の特徴である。氏族と神々の関係が非常に明確に表れている。

　ペナン島からフェリーで渡る対岸の地、バタワースもまた、華人が多く居住する地区である。漢字での呼称は「北海」である。

　このバタワース地区にも、数多くの華人廟が存在する。

　この地区の代表的な廟は、北海斗母宮（Tow Boo Kong Temple Butterworth）で、また九皇大帝廟とも呼ばれる。すなわち九皇廟である。

　ただ北海斗母廟の建設は新しく、1970年代である。その後さらに改築して新しい建物になっている。

バタワース北海斗母宮

　前殿には九皇大帝を中心にし、脇には哪吒太子、太歳星君が祀られる。奥
の殿には、斗母を中心に、南斗星君・北斗星君を祀る。広大な廟で、手前に
は拿督公の祠もある。

10. クアラ・ルンプール周辺の華人廟

　クアラ・ルンプール周辺とセランゴール州（Selangor）については、一定
の華人の住んでいた地域があり、そこにも多くの華人廟が存在している。

　クアラ・ルンプールの中心部にチャイナタウン（Chinatown Kuala Lumpur）
があることはよく知られている。駅でいえば、パサール・スニ駅（Pasar Seni）
の周辺になる。またクアラ・ルンプールの東方にアンパン（Ampang 安邦）
という地区があり、こちらも華人廟が多く存在する。アンパンという名の駅
がある。また西側のセランゴール州クラン（Klang 巴生）にも華人廟は多い。
先に見た通り、やや北の増江（Jinjiang）地区にも華人廟が点在する。

　クアラ・ルンプールのチャイナタウンで、特に目立つのは関帝廟（Guan Di
Temple）と仙師四師宮（Sin Sze Si Ya Temple）である。

　実のところ、シンガポールとマレーシアには、無数の関帝廟が存在するも
のの、多くは聯合廟のひとつであったり、あるいは小廟であったりと、意外
に目立たない。独立した大きな廟が少ないのである。しかし、このクアラ・
ルンプール関帝廟は規模の大きな単独の廟である。

　クアラ・ルンプール関帝廟（吉隆坡關帝廟）は、広肇会館と一体となった廟である。すなわち広東系の人々が建てたもので、1887年の創建となる[70]。

クアラ・ルンプール関帝廟

　主神は関帝、その両脇に関平・周倉を祀るのは一般的な関帝廟と同様である。この廟は小さな神像を数多く祀る。天后、趙玄壇、華光大帝、法主公、斉天大聖などである。広東系以外の神々も祭祀されている。

クアラ・ルンプール関帝廟内部

---

70)　前掲「AngKongKeng.com」（http://www.angkongkeng.com/）の「吉隆坡關帝廟」の項目を参照。

特徴的な廟は仙師四師宮である。祀られる神は仙師爺と四師爺である。この廟はクアラ・ルンプールでもっとも古い廟とされている。この廟の創建には、19世紀後半にクアラ・ルンプールでカピタンであった有名な葉亜来（Yap Ah Loy）が深く関わっている。

この廟の性格については、李豊楙氏は「台湾の神でいうなら、基隆の老大公か、新竹新の義民爺に似ている」と指摘している[71]。老大公も義民爺も特定の人物というより、その地域の争いのなかで亡くなった人々を神として祀るものである。仙師爺と四師爺も、一応人物が特定されてはいるものの、戦乱のなかで亡くなったある人々の象徴として祭祀されたものである。日比野丈夫氏は次のように述べる[72]。

> この地方の採掘権の獲得争いは、マラヤ、シンガポールの全域を通じ、人種の差別を超越して行われたのであって、セランゴールのサルタン家の王位継承紛争がもとで、これにさまざまの要因が加わって1866年からいわゆるセランゴール内戦が開始される。（略）セランゴールは1874年以来イギリスの保護州となっていたにもかかわらず、イギリス当局が1880年までクアラ・ルンプールの政権を葉亜来に委ねていたのは、かれが治安維持や産業開発についてきわめて協力的だったからである。その間に葉亜来は煉瓦工場を立て、旧来の板葺きや椰子の葉葺きの家屋を改造して西洋風の都市作りをも始めたのであって、今日なおクアラ・ルンプールの父といわれるゆえんである。

すなわち19世紀後半のクアラ・ルンプール付近では、利権を巡ってセランゴール内戦が勃発していた。この戦乱に多くの人々が巻き込まれて亡くなった。その後、荒れはてたクアラ・ルンプールを再建したのが葉亜来であり、クア

---

71) 前掲李豊楙『従聖教到道教―馬華社会的節俗、信仰与文化―』281頁。
72) 日比野丈夫「シンガポール・マラヤにおける華人の発展」（前掲酒井忠夫編『東南アジアの華人文化と文化摩擦』所収）68-69頁。

ラ・ルンプールの父と呼ばれるに至った。その戦乱のなかで死亡した盛名利はその後仙師爺に、鍾炳来は四師爺と追尊され、葉亜来はそのために廟を建てた[73]。

　1864年の創建で、主神は仙師爺と四師爺である。もっとも、最終的な完成は1883年であるとする[74]。

仙師四師宮内部

　併祀されている神は、華光大帝、譚公仙師、文昌帝君、金花夫人などがある。どちらかというと、広東系の神々が多い。

　チャイナタウンのやや南になるが、クアラ・ルンプールの楽聖嶺天后宮（Thean Hou Temple）も、規模の大きな廟として知られている。

　楽聖嶺天后宮は、もともと瓊州会館として、清朝の光緒年間より存在したとのことである。しかし、その後活動を停止し、1980年代になってから現在の位置に移転して天后廟として再建された。いまもセランゴール海南会館としての機能も有している[75]。

73)　中文ウィキペディア（https://zh.wikipedia.org/wiki/）「葉亜来」「盛名利」の項目参照。また石滄金「葉亜来与仙四師爺廟関係考察」（『東南亜縦横雑誌』2006年4期）31-34頁参照。

74)　英文ウィキペディア（https://en.wikipedia.org/wiki/）「Sin Sze Si Ya Temple」の項目参照。

クアラ・ルンプール楽聖嶺天后宮

　楽聖嶺天后廟は広大な敷地を持ち、また内部の装飾も非常に豪華である。数多くの人が参拝に訪れ、熱心に祈る姿を見ることができる。

　主神は当然ながら天后媽祖、脇侍は千里眼と順風耳である。また水尾娘娘（すいびにゃんにゃん）を祭祀する。水尾娘娘は海南島で広く祭られる女神で、媽祖と同じように水神の性格を有している。また観音菩薩も祀られており、多くの信者が参拝している。

　クアラ・ルンプールの東側、アンパンにも多くの華人廟がある。

　アンパンは、鉄道アンパン線の終点の駅で、クアラ・ルンプール郊外に当たる地域である。ここには、規模の大きな斗母宮がある。すなわち、安邦南天宮（Kau Ong Yah Lam Thian Kiong Temple）である。

　この安邦南天宮については、原田正巳氏の報告において述べられている[76]。

　　このAmpangは「暗邦」と記され、また「安邦」の文字があてられてもいる。この2つの表記に、この地区の時代的変遷をうかがうことができるかもしれないのである。（略）この街の東を流れるケラン川に沿って走るのがアンパン街で、この通りのはずれに九皇廟がある。ここは錫鉱発

75)　中文ウィキペディア（https://zh.wikipedia.org/wiki/）「楽聖嶺天后宮」の項目参照。
76)　前掲原田正巳「マレーシアの九皇信仰」2-4頁。

見地区の１つであって多くの華人労働者が移住したのである。いまアンパン村と呼ばれるところに華僑の集落が存在する。（略）廟の入口には暗邦南天宮・九皇大帝と記す垂幕があり、廟内には斗母宮とある扁額と「南威天赫」の四字のある幡幟が飾られていた。朱氏論文に載せる九皇爺神像がいつのものであるかは明らかでなく、また廟中に九天玄女の像も安置されていた。

九皇大帝については先にホウカンの斗母宮のところで論じた。アンパンの南天宮では、筆者が見た時は「九皇大帝」の文字のみで、神像は設置されていなかった。1862年の創建で、古い廟といえる[77]。玉皇大帝や観音菩薩、大伯公などが併祀されている。

　クアラ・ルンプール北の増江地区については、先ほど南陽宮のところで少しふれた。この地域も華人廟の多い地区である。

　そのなかで特徴的な廟は、増江洗太廟（Jinjang Sin Thye Foo Yan Temple）である。ここは洗太夫人を祀る。洗太夫人は、六朝時代に広東で活躍した女傑であり、俚族の人々から「聖母」と称された人物である。広東の高州や海南島に廟がある[78]。

---

[77]　前掲「AngKongKeng.com」（http://www.angkongkeng.com/）の「安邦南天宮九皇爺」の記事を参照。

[78]　前掲「AngKongKeng.com」（http://www.angkongkeng.com/）の「増江洗太廟」の記事を参照。また中文ウィキペディア（https://zh.wikipedia.org/wiki/）「洗太夫人」の項目参照。

増江冼太廟内部

　廟では、また観音菩薩と劉三仙姑などを祀る。創建は1968年である。中規模の廟であるが、この地区の中心的な廟となっている。

11. ジョホール・バルの柔仏古廟

　ジョホール・バル（Johor Bahru 柔仏・新山）はマレーシアの南端、シンガポールとは海峡ひとつを接したところにある都市である。シンガポールからは日帰りで行くことができ、国境を毎日またいで通勤している労働者も多い。

　柔仏古廟（Johor Bahru Old Chinese Temple）は、このジョホール・バルで非常に有名な廟である。創建年代は明らかではないが、19世紀後半とされている[79]。

---

79)　中文ウィキペディア（https://zh.wikipedia.org/wiki/）「柔仏古廟」の項目参照。

ジョホール・バル柔仏古廟内部

　柔仏古廟は他の廟と異なり、「5大幇が共同で運営する」ことで知られている。すなわち、潮州幇、福建幇、客家幇、広東幇、海南幇の5つである。それに応じて祭神も分かれており、潮州幇は主神の玄天上帝を奉じ、福建幇は洪仙大帝、客家幇は感天大帝、広東幇は華光大帝、海南幇は趙玄壇を祭祀する。ただ、これらはすべて共同で祀ることになっている。さらに観音菩薩も祀られる。

　柔仏古廟のなかでは、祭壇の中心に玄天上帝があり、ただ清代のものなので「元天上帝」と書される。その脇に華光大帝と趙玄壇が並ぶ。趙玄壇は「趙大元帥」とする。そしてさらに脇に感天大帝と洪仙大帝の像が安置されている。

　玄天上帝、華光大帝、趙玄壇は、よく知られた神々なので、ここでは説明しない[80]。あとの洪仙大帝と感天大帝は、少し説明が必要であると考える。

　感天大帝も、実はシンガポール・マレーシア地域ではよく見る神である。

---

80)　なお玄天上帝については、筆者「玄天上帝考」（筆者『明清期における武神と神仙の発展』関西大学出版部関西大学東西学術研究所研究叢刊29、2009年所収）41-78頁参照。華光大帝については、筆者「華光と関帝」（前掲『明清期における武神と神仙の発展』所収）101-114頁参照。趙公明については、筆者『道教・民間信仰における元帥神の変容』（関西大学出版部関西大学東西学術研究所研究叢刊27、2006年）200-206頁参照。

この称号の神は、福建系であれば許遜すなわち許真君となり、潮州系であれば伯益となる。伯益は古代の王の舜や禹に仕えたとされる人物で、洪水を収めるのに功績があったとされる。許真君は龍を退治する説話で知られる神仙である。つまり、どちらも水との関わりが深い。この廟でどちらを指すのかは、いまひとつ明確ではない。

　洪仙大帝は、これはマレーシア・シンガポール以外の地域では見ることの少ない神である。先にふれた聯合廟であるシンガポールのトアパヨー伍合廟のなかでは祭神のひとつであった。タンピニス聯合宮のなかにも祭祀されている。

　洪仙大帝の像は特徴的で、三本足の虎に乗っている姿が有名である。広東の大埔の出身で、姓は洪であるとされる[81]。ただ、それ以上の詳しいことは不明であり、かつ他に異説もある。

　柔仏古廟の廟会は、「游神」と呼ばれ、規模の大きなものとして知られている。5つの神々それぞれ出て街を巡回していく。多くの人々が参加する祭りである。

)　安換然・蕭開富「新馬洪仙大帝信仰的歴史与現状」（林緯毅『談濱尼聯合宮崇奉諸神』タンピニス聯合宮発行2014年所収）113-127頁参照。

第2章　各地チャイナタウンの華人廟

1．ホーチミンの華人廟

　ベトナムのホーチミンには、数多くの華人廟があることが知られている。特にチョロン（Cholon 堤岸）地区は華人街（チャイナタウン）として有名である。この地区では、それぞれ温陵会館（Hoi Quan On Lang）、穂城会館（Tue Thanh Hoi Quan）、瓊府会館（Hoi Quan Quynh Phu）などが古くから存在する廟として知られている。

　これらの会館について、蔣為文氏は次のように述べる[1]。

　　会館の二種類目は、華人が主導して作られた「五幇」会館である。これ
　　らの会館はそれぞれの出身地の宗族や郷里などの地盤に応じて形成され
　　ているものである。たとえば、福建会館、広東幇の広肇会館、潮州会館、
　　海南幇の瓊府会館、および客家会館などである。それはひとつの省をそ
　　の単位とする場合と、言語は各地域の地盤による区分となることもある。
　　ホーチミン市の、漳州幇の霞漳会館と、泉州幇の温陵会館などもある。

すなわち、シンガポール・マレーシアで見た5大幇とほぼ同じ構成となる。もっとも、福建系はまた、泉州や漳州など、さらにいくつかの地域にわかれる。

　またベトナム華人に関して、廟でもよく目にするのが「明郷」という語である。マレーシアの「ババ・ニョニャ」とはまた別の形で、ベトナムの華人の状況を示す語でもある。これについて、グエン・ティ・タン・ハー氏は次のように述べる[2]。

1）　蔣為文「越南的明郷人與華人移民的族群認同與本土化差異」（『台湾国際研究季刊』
　　第9巻第4期2013年）93-94頁。

　ベトナム国内の54民族は、人口の約86％を占める多数民族キン（Kinh）
族と53の少数民族で構成されている。ベトナムの公民は「ベトナム人」
という国籍と同時に「民族籍」を有している。「民族籍」とは、多民族国
家ベトナムを構成している諸民族のどれに所属しているのかを示すもの
である。本稿の研究対象である中国系住民とは、中国からベトナムに移
住してきたというルーツを共有し、地政学的に中国の領域として線引き
された複数の地域から離れ、歴史的にベトナムに移住してきた人々とそ
の末裔である。この中国系住民というカテゴリーには、一方で「華人」
と称し、ベトナム社会におけるマイノリテイ・グループとしての一民族
として位置づけられ、「中国系」としての意識を維持している人々とその
子孫、他方で「中国系」の意識を失い、又は薄れてベトナム社会に入り
込んで土着化の道を選んだ人々とその子孫も含まれる。「明郷」というカ
テゴリーは、後者に該当し、ベトナム政府公認の53少数民族の中に入っ
ておらず、ベトナムにおいて多数民族であるキン族として認識され、同
民族籍で登録されている。

　「華人」がある一方で「明郷」人が存在する。これがベトナムの華人廟を調査
する場合、気を付けなければならない所である。とはいえ、華人廟自体で、
その区別が時々曖昧であったりもする。
　福安会館（Phuoc An Hoi Quan）は入り口に「関帝廟」と書される一方で、
「明郷廟（Chua Minh Huong）」とも書かれている。すなわち、明郷という位
置づけが明確になっている廟である。福安会館関帝廟は、1865年の創建にな
り、もとは安和古廟という名称であったとされる。現在の姿になったのは1975
年以降である[3]。

　2）　グエン・ティ・タン・ハー「在ベトナム中国系住民『明郷』の歴史認識—ベトナム・
　　ホイアンにおける『明郷』の家譜・族譜の分析から—」（『アジア社会文化研究』広島
　　大学アジア社会文化研究会第18号2017年）113頁。

ホーチミン福安会館

　まず入ると、入り口のところには大きく観音の像がある。こちらを熱心に拝む人も多い。なかには、中心に関帝の像があり、脇は関平と周倉の像があり、また赤兎馬の像もある。併祀されているのは、牌によれば福徳正神と天后聖母である。壁には大きく「忠孝」「義勇」の文字が書されている。

　温陵会館は、別にまた観音廟（Chua Quan Am）とも称される。すなわち観音を祀る廟である。その創建は19世紀とされるが、詳しいことは不明のようである[4]。

---

3)　世界の関帝廟の多くについては「関公網」（http://www.guangong.name/）に記載があり、その情報に拠る。ここでは「福安会館」の条を参照。また宇汝松『道教南伝越南研究』（斉魯書社2017年）230-239頁、阮玉詩「文化増権：越南文化中的関公」（楊松年・謝正一主編『世界的関聖帝君』唐山出版社2017年所収）299-320頁にも関帝廟の情報が記載されている。

4)　中文ウィキペディア（https://zh.wikipedia.org/wiki/）「温陵会館」の項目参照。

ホーチミン温陵会館内部

　福建泉州の出身者が中心になって作られた廟であるが、数多くの神々を祀
る。時に福建系以外の神も混じっている。
　奥に主神として祀られるのは観音菩薩であるが、手前の殿の中心にあるの
は媽祖である。さらに、註生娘娘・関帝・文昌帝君・花粉娘娘・華光大帝・
広沢尊王・城隍神・包公・斉天大聖・紫微星君などおびただしい数の神像を
祭祀する。規模も大きく、この地区の信仰の中心となっている廟である。
　二府会館（Hoi Quan Nhi Phu）も、福建泉州及び漳州の出身者が中心に
なって作られた廟である。別に「オンボン寺（Chua Ong Bon）」とも称され
る。こちらも正確な創建年代は不明であるが、18世紀の建と伝えられている[5]。
　こちらの主神は「オンボン」こと「本頭公」である。この本頭公は、ベト
ナムのほかではタイでよく見る名称である。マレーシア・シンガポールにお
ける大伯公とよく似た神格である。

5）　中文ウィキペディア（https://zh.wikipedia.org/wiki/）「二府会館」の項目参照。

ホーチミン二府会館

　廟のなかには、「本頭公」という表記と、「福徳正神」という表記が両方とも見られる。すなわち大伯公廟の場合と同じで、土地神と本頭公が同一視されている神格であることが判明する。

　ただ、単純に大伯公と本頭公が同じ神であると断ずることも難しいと考えられる。本頭公について、片岡樹氏は次のように述べる[6]。

　　そもそも本頭公とは何か。まずはタイ国で本頭公がどのようなものとして論じられてきたかを確認しておこう。スキナーによれば、本頭公というのは城隍の次に位置する土地神で、水滸伝中の英雄である燕青が、宋末元初の反乱に敗れて中国を追われ、シャムでボクシングを人々に教え、死後に本頭公として神格化されたという伝説も紹介している。では本頭公という語は何に由来するのか。劉麗芳と麦留芳がそれを、福建、広東両省の地頭あるいは地頭公、および潮州人の地頭老爺に由来し、移住先で「本地の地頭公」として拝んだものが略され本頭公になったと述べているほかは、いずれも潮州人の伝統的地域共同体を意味する南洋華僑の造語だという程度の漠然とした説明しか与えていない。

6）　片岡樹「土地神が語るエスニシティと歴史：南タイ・プーケットの本頭公崇拝とその周辺」（『南方文化』天理南方文化研究会39巻2012年）98-99頁。

片岡氏はまた、タイのプーケットとバンコクで本頭公のあり方が異なること
を述べている。そしてバンコクの「本頭公祭祀圏」とシンガポールの「大伯
公祭祀圏」を仮定する[7]。

　いま筆者はタイの事例に詳しくないため、この問題について適切な解を持
たない。ただ、バンコクのヤワラート地区で見た老本頭公廟（Lao Pun Tao
Kong）の本頭公像を見た時、白髪の杖をつく姿の福徳正神とは全く異なった
像であり、武神風の姿であったことに強い違和感を覚えた。本頭公は、おそ
らく土地神ではあるものの、大伯公とはまた別の性格を持つ神であると考え
たい。

バンコク老本頭公廟の本頭公像

　なお、バンコク老本頭公廟についても簡単にふれておきたい。この廟は道
光四年（1824年）に建てられたものである[8]。ただ、廟の主神は玄天上帝で、
本頭公はむしろ従神になる。潮州系の建築であり、かなりの規模を持つ。

　ホーチミン穂城会館は、観光名所にもなっている有名な媽祖廟である。別
にホーチミン天后廟（Chua Ba Thien Hau）とも称される。その創建年代は

7）　前掲片岡樹「土地神が語るエスニシティと歴史：南タイ・プーケットの本頭公崇拝
　　とその周辺」111頁。

8）　老本頭公廟のサイト（http://laopuntaokong.org/history/index_cn.asp）の紹介による。

明確ではないが、1828年以前には作られていたとのことである[9]。

ホーチミン天后廟

　広東系の廟であり、屋根や壁が壮麗に飾りつけられている。主神は天后媽祖、主殿の脇には、龍母娘娘（りゅうぼ）と金花夫人（きんか）が並ぶ。さらに財帛星君、関帝、福徳正神が祭祀されている。龍母娘娘と金花夫人は、いずれも広東で広く祀られる神である。金花夫人は、子授けの神であり、北方の子孫娘娘とよく似た役割をする。福建系でいえば註生娘娘に当たる。

　この穂城会館の付近より少し東に行ったところに、義安会館（Nghia An Hoi Quan）がある。こちらは潮州系の関帝廟であり、1872年に創建されたものである[10]。筆者が訪れた時は、新たに改築中であった。

9）　前掲宇汝松『道教南伝越南研究』247頁。

10）　中文ウィキペディア（https://ja.wikipedia.org/wiki/）の「義安会館」の項目を参照。

ホーチミン義安会館

　瓊府会館は、また「海南天后廟（Chua Ba Hai Nam)」とも称され、海南系の媽祖廟である。主神は媽祖であり、脇に水尾聖娘と懿美娘娘を祀る。さらに、文昌帝君、福徳正神なども祭祀する。

瓊府会館内部

2．ホイアンの華人廟

　ベトナム中部のホイアン（Hoi An 会安）は古くからの港町であり、その街並みが世界遺産にも登録されている。風光明媚な地域であり、多くの観光客を引きつける観光拠点となっている。

　ホーチミン同様に、チャンフー通りを中心に福建会館、広東会館、海南会館、潮州会館などが存在し、完全にチャイナタウンといったおもむきがある。譚志詞氏は、当初は「明郷」人と「華人」でホイアンの街が分かれていたが、

その後区別がなくなっていったことを指摘する[11]。長い歴史のなか、街が変貌していったところも多い。かつては日本人街も存在したというが、現在ではその痕跡はほとんど残っていない。中心に残る「来遠橋」は、別名「日本橋」であるが、橋の様式自体は中華系のものである。かつ、橋の中心に祀るのは玄天上帝である[12]。

　ホイアン関帝廟は、譚志詞氏によればベトナム中南部でもっとも古い廟のひとつである。その考証によれば創建は1653年前後とされる[13]。中心に関帝の像があり、脇には関平・周倉の像がある。手前には赤兎馬の像もある。

　チャンフー通りには、広東会館があり、こちらも関帝を主として祀るものである。広東会館と紹介されることが多いが、名称は「広肇会館」である。

ホイアン広肇会館内部

　広東人が中心になって建てられたもので、1885年の創建とされる[14]。主神は関帝であり、従神として天后媽祖、そして財帛星君を祀る。比較的規模の大きな廟となっている。またここでの関帝の称は「関聖大帝」となっている。

---

11)　譚志詞「越南会安『唐人街』与関公廟」（『八桂僑刊』2005年 5 期）44-47頁。

12)　「故事」サイトの「会安古鎮」（https://gushi.tw/hoi-an/）の記事を参照した。

13)　前掲譚志詞「越南会安『唐人街』与関公廟」45-46頁。

14)　これについては、蔣為文「越南会安古城当代明郷人・華人及越南人之互動関係与文化接触」（『亜太研究論壇』第 61 期2015年）131-155頁を参照した。

福建会館は、1757年に建てられたもので、もとの名は金山寺であった[15]。この地域では最大の廟である。

ホイアン福建会館入口

廟の碑文によれば、もともとは金山寺という天后廟として建てられたものが、その後閩商会館に変わり、道光年間になると王爺を祭神として増加し、1900年に改築して福建会館となったとする。現在は媽祖・王爺廟として機能している形である。

「金山寺」の号が残るホイアン福建会館

15) 前掲「故事」サイト「会安古鎮」（https://gushi.tw/hoi-an/）の記事参照。

　媽祖廟としてはまた別に中華会館がある。こちらはもともと「洋商会館」
という名称で、1741年の創建となる。媽祖を中心に、順風耳・千里眼などが
祀られる。脇には財帛星君がある。

ホイアン中華会館内部

　ホイアンにはこのほか、潮州出身者が作った潮州会館、海南出身者が作っ
た瓊府会館がある。瓊府会館では、争乱で亡くなった多くの人々を昭応公と
して祀る。

3．ハノイの鎮武観

　ハノイ（Hanoi 河内）の場合は、旧市街にいくつか会館だったところがあ
るものの、華人廟が集中している地区は少ない[16]。有名な鎮国寺（Chua Tran
Quoc）はタイ湖（Ho Tay 西湖）のほとりにあり、街なかにある玉山祠（Den
Ngoc Son）は、関帝や文昌帝君を祀るものの、ベトナムの武神チャン・フン
ダオ（陳興道）が中心になる廟であるため、華人廟とは称しがたい面がある。
　ハノイには真武観（Den Quan Thanh）すなわち鎮武観（Tran Vu Quan）
が存在するが、これは華人廟というより、「ハノイの道観」と称すべきかもし

---

16)　ハノイの状況については、「ハノイ歴史研究会」（http://hanoirekishi.web.fc2.com/）
　　の記事のいくつかを参照した。

れない。

　鎮武観はタイ湖の南側に現存している。圧倒的であるのは、中心に祀られた４メートルに近い玄天上帝の銅像である。なお、ベトナムの玄天上帝信仰について、梅莉氏は次のように述べている[17]。

　　ベトナムにおいては、真武大帝（玄天上帝）の信仰は非常に盛んである。北部や中部においては数多くの真武大帝を祀る宮観や神祠が存在する。ベトナムの真武信仰は中国の広西から伝来したものである。広西は真武信仰の盛んなところであり、数多くの真武廟が建てられており、旧暦三月三日には真武大帝の生誕祭が行われる。清の沈自修『西粤記』には、「宣化（邕寧県）・武縁（武鳴県）之俗、三月三日、各村以烏米飯祀真武」という記載があり、『隆安県志』「地理考」には、「三月初三、北帝誕」とある。民国期の『貴県志』「風俗」には「三月三日有祀武当北帝与天后・龍母」という活動を記す。また『南寧府部匯考』には、来賓（即ち今の来賓県）について「最崇奉者為玄武神、号曰北極玄天上帝、省称曰北帝。県城北楼及良江・寺脚・大湾、三墟皆立廟専祀。歳値夏暦三月三日、輙賽会游神」という記載がある。近世のチワン族においては、三月三日には斎醮の祭りの場を設け、同時に演劇や歌舞によって保護神である真武大帝の祭祀を行う。広西の近隣であるベトナム北部においては、広西の影響を受け、特に広西からベトナムに至る途上において、数多くの真武廟が存在する。たとえば、ランソン省には鎮北真武祠があり、バクニン省トゥイロイには武当山真武祠があり、ソンコイ河東岸には巨霊真武祠があり、ハノイの西北には真武観がある。これらの真武を主神として祀る廟は一般に真武の塑像を設け、その像は北を向いていることが多い。ベトナムで最も古い真武廟は、ハノイの真武観である。北宋年間に建てられたとされ、また鎮武観と称する。もとはハノイ城内にあったのであ

---

17)　梅莉「台湾及東南亜地区的玄天上帝信仰―以武当山現存碑石・扁額為中心的考察」（『中国道教』中国道教協会2006年３期）38頁。

るが、1472年に皇城が拡大されたのに伴い、タイ湖（西湖）の南岸に移築された。この廟は創建期よりベトナムの王たちに重視されており、降雨を祈願し、妖邪を退治するという目的のため、歴代の君主はしばしば真武観に赴いて玄天上帝の霊異を求めた。この廟は現在でも残っており、主要な建築は1893年に建てられたものである。大殿に祀られた真武の銅像は1677年に鋳造されたものである。座像で、披髪で身に鎧甲をまとい、左手に手印を結び、右手には蛇の絡まった宝剣を持っている。

　この真武観をめぐっては、かつて九尾の狐の妖怪が害をなしたために、玄天上帝がこれを退治したとの伝承が存在している[18]。これは『嶺南摭怪』に見える話に基づいたもののようである[19]。九尾の狐といえば、『封神演義』の妲己が想起されるが、玄天上帝が殷周の革命に関わったという話は、そもそも『三教捜神大全』に含まれる説話に見えるので、あるいはこちらの方が古い伝承であるかとも考えられる。

ハノイ鎮武観入口

18）　筆者「ハノイの真武と大阪の妙見」（『アジア文化フォーラム』関西大学文学部アジア文化専修創刊号2013年）11頁。

19）　「維基文庫」（https://zh.wikisource.org/wiki/）所収の『嶺南摭怪』巻一「狐精伝」参照。

　鎮武観はかなりの規模を持つ道観で、巨大な玄天上帝像を中心にいくつか
の像が祭祀されている。ただ、手前の四大元帥とされる像は、一般の元帥像
とはかなり異なっており、比定が難しい。

ハノイ鎮武観の玄天上帝像

4．ハノイの西湖府

　ベトナムには独自の民間信仰があり、「聖母道」と呼ばれる。この廟もチャ
ン・フンダオの廟同様に、華人廟とは異なるものと考えるべきであろう。
　しかし聖母信仰はベトナムの民間信仰であるが、大きく道教の影響を受け
ている。性格としては大陸各地の娘娘信仰に近いかもしれない[20]。広東には
龍母娘娘、金花夫人の信仰があり、福建には臨水夫人、註生娘娘の信仰があ
る。そういった地域独自の信仰と類似した点がある可能性も高い。
　聖母道の廟としてよく知られているのは、ハノイの西湖のほとりにある西
湖府（Phu Tay Ho）である。こちらの廟では、天・地・水の三府に対応する
柳杏聖母・地仙聖母・水宮聖母の三柱を中心に、さらにこれに山の神であ
る上岸聖母が加わり、四つの聖母神を祭祀する。この聖母の上位者として
は、道教の玉皇大帝が据えられている。そのため、玉皇大帝を祀るところも

20）　聖母道については、「ハノイ歴史研究会」の「聖母道」（http://hanoirekishi.web.fc2.
　　com/seibodou.html）の項目を参照。

多い。また、聖母の眷属神として、五位大官・四位朝婆・十位皇子・舅・姑・五虎神官などの神々がある。また聖母の使いとして、白蛇神（Ong Lot）がある。

　これらの神々の信仰は道教系とは言えるが、ベトナムで独特に発展したものである。現在でもその信仰は盛んに行われている。そして「レンドン（Len Dong）」という舞踊祭祀が行われる点が重要である。

　柳杏聖母については、その事績はまず『雲葛神女伝』に詳しく見られるという。『会真編』の「崇山聖母」の項目にも記載があるとされる。それによれば柳杏聖母は、玉皇大帝の次女で、黎朝の永祚年間に転生して下界に生まれたという[21]。

ハノイ西湖府

　西湖府はタイ湖のほとりにあり、広大な面積を有する廟である。本殿は三聖母を祀るところで、さらに玉皇上帝などを祭祀する。隣には山荘洞があり、そこでは上岸聖母を祀る。三府聖母、あるいは四府聖母は、ベトナムの各地の寺院や廟でその姿を見ることができる。

---

21)　これについては、陳益源「越南女神柳杏公主漢喃文献考索」（『成大中文学報』第15期2006年）199-220頁、および前掲宇汝松『道教南伝越南研究』319-336頁参照。

5. マニラの華人廟

　フィリピンのマニラのビノンド地区（Binondo）には、アジアでもっとも古いとされるチャイナタウンが存在する。ここは1594年に始まった街であるとされる[22]。この地区にあるオンピン（Ongpin 王彬）通りに沿って、様々な華人廟が展開している。華人廟だけではなく、信願寺（Seng Guan Temple）などの仏教寺院も多く建てられている。

　フィリピン華人の状況については、丸山宏氏が次のように述べている[23]。

　　　約6000万のフィリピン総人口のうち100万の華人がいることになる。華人
　　　の9割は福建籍で、特に泉州市近郊の晋江県出身者が多く、南安県、恵
　　　安県の人が次いで多い。他に1割ほどの広東籍の人がいる。

すなわち、閩南系の信仰の影響が強いことが分かる。

　なお華人廟の多くは、ビルの屋上に建てられている。ビルの10階のさらに上に廟があったりする場合、そもそもその廟にたどり着くのが困難であったりする。

　マニラの関聖夫子廟（Kuang Kong Temple）は1882年の創建であるとのことである。いくつかの廟と同じく、ビルの4階の屋上に建てられている[24]。主神は当然ながら関帝で、関平・周倉が脇侍としてある。ビルの4階屋上にあることを除けば、伝統的な華人廟の作りである。

---

22)　マニラにおける華人廟については、前掲坂出祥伸『道教と東南アジア華人社会』149-
　　172頁に詳しい。

23)　丸山宏「フィリピン華人の歴史と宗教文化」（綾部恒雄・小野沢正喜編『環太平洋地
　　域の華僑社会における伝統と変化』筑波大学天禄基金華僑研究グループ1993年）227
　　頁。

24)　「世界関公文化網」（http://www.guangong.hk/）の記事「情牽南洋：湖北湖南企業
　　家赴東南亜尋訪関帝文化風情」を参照した。

マニラ関聖夫子廟

　フィリピン鳳山寺（Philippine Feng Shan Temple）もまた、ビルの6階の上に建てられた廟である。鳳山寺であり、広沢尊王を祀る。現在の廟は真新しく、2011年に建てられたものである。広沢尊王と眷属のほか、福徳正神などを祀る。

フィリピン鳳山寺

　鎮海宮（Teng Hai Temple）も、ビルの11階にある廟で、こちらは王爺廟であった。王爺のほか、福建系の多くの神々を祀っていた。
　比較的大きな廟である九霄大道観（Philippine Kiu Siao Grand Taoist Temple）は、ビルの一角ではなく、平地に建てられた廟である。三清、西王

母や阿弥陀仏など、多くの神仏を祀る廟である。

マニラ九霄大道観

　主神は玉皇三太子である。しかし、この玉皇三太子については、ほとんど中国大陸や他の東南アジアの地域で祀られているのを見たことがない[25]。三太子といえば、通常は哪吒三太子のことを指す。これについて、丸山宏氏は次のように述べる[26]。

　　サント・ニーニョというのは漢字では「聖嬰」と表記すること、そして
　　これは「玉皇の三番目の太子すなわち三太子のことである」という説を、
　　商店の来客のひとりから聴いた。私の推測では、三太子の三は音の上で
　　サント・ニーニョのサントとかけてあり、太子は少年というニーニョの
　　意訳であり、一種の語呂合せ的語彙ではなかろうかと思われる。いずれ
　　にせよ、マレーシアで中国の大伯公と称する土地神と現地のダトク神
　　（Datok）が並存するように、フィリピン華人社会では福徳正神とサン
　　ト・ニーニョが至近に隣接させられているのは興味深いことである。

---

25)　とはいえ、広東の一部には玉皇三太子の信仰が存在するようである。

26)　前掲丸山宏「フィリピン華人の歴史と宗教文化」234頁。

すなわち、玉皇三太子とは、フィリピンのキリスト教文化において広く祭祀されているサント・ニーニョ（Santo Nino）と同一の神だとされているのである。

　サント・ニーニョは、もともとマゼランがセブ島に着いたあと、1521年に当地の王に贈った少年イエスの像が、その奇跡が喧伝され、セブ島を中心にフィリピン全土で大きな信仰となっているものである[27]。「シヌログ」という大きな祭りが行われることでも知られている。

玉皇三太子像

　もっとも、九霄大道観の玉皇三太子の説明には、「殷の時代に生まれ、姓は周、南岳において修行して登仙した」という伝承が残っている。ただ、どうもむしろ哪吒三太子の事績を意識しているように思える。丸山宏氏は哪吒三太子との共通点について指摘しつつ、こう述べている[28]。

　　先に家庭の神壇の項で示したようにサント・ニーニョと三太子が同一視され、かつ本項で示したように玉皇三太子がイエスと同一視されるのは、

---

27)　英文ウィキペディア（https://en.wikipedia.org/wiki/）の「セブのサント・ニーニョ」の項目、および前掲佐々木宏幹『スピリチュアル・チャイナ—現代華人社会の庶民宗教—』188頁参照。

28)　前掲丸山宏「フィリピン華人の歴史と宗教文化」239頁。

　ほかの地域に見られないフィリピン華人社会特有の現象であると思われ
る。

　ある意味これは、哪吒三太子のフィリピンにおける新しい融合の形象といっ
てもよいのではないかと考える。
　なお、サント・ニーニョがタンキーによって祭祀されていることについて
は、佐々木宏幹氏による紹介がある[29]。

　　セブのサント・ニーニョ像には数々の神秘的伝説や奇跡譚がまつわりつ
　　いているらしいが、とくに1960年代後半頃からフィリピン各地にサント・
　　ニーニョの霊を宿して託宣や予言、治病などを行なう霊媒が現われ、人
　　びとの注目の的となった。こうしたサント・ニーニョの霊媒の活動は当
　　然のことながらカトリック教会の公認しがたいものであり、現に規制が
　　敷かれているため、噂が大である反面、その実態はよく知られていない
　　という。

　このように、サント・ニーニョも含めた形での祭祀が行われているようであ
る。これは華人祭祀の一形態であると思われる。

6．ジャカルタの華人廟

　インドネシアのジャカルタのチャイナタウンは、グロドック地区（Glodok
草埔）に存在する。先に少しふれた通り、1650年の創建とされる金徳院（Kim
Tek Ie / Wihara Dharma Bhakti）をはじめとして、数多くの華人廟がある[30]。
　金徳院は、1740年にいったん焼失し、その後1755年にカピタン黄鋪老が中
心となって再建。そして、2015年の火災で焼失したことについても、先に述
べた通りである。聯合廟とは違うが、金徳院の敷地には地蔵殿、玄壇宮、恵

29）　前掲佐々木宏幹『スピリチュアル・チャイナ―現代華人社会の庶民宗教―』188頁。
30）　中文ウィキペディア（https://zh.wikipedia.org/wiki/）「金徳院」の項目参照。

沢廟など、いくつかの廟が並んでいる。このうち、恵沢尊王を祀る恵沢廟については前述した通りである。

　火事で焼失する前の状況については、川野明正氏が報告されている[31]。

　　仏教・道教の神祇も同堂していて、仏寺とも廟堂ともいえる。祭祀される神像にも、福建省安渓系華人が祭祀する清水祖師や、福建省南安系華人の祭祀する広澤尊王、客属系が祭祀する慚愧祖師など、華人各系の神祇を祭祀する。インドネシア華人出身の澤海真人を航海安全の神として祭祀することも大きな特徴である。合計35位以上（死者の牌位を除く）の神仏を祭祀し、華人の出身地を越えて、ジャワの地に中華のパンテオンをうち建てているのだ。

筆者が見た再建中の金徳院も、なかの神像はところどころ無事で、参拝は通常通り行うことが可能であった。訪れた際も、数多くの参拝者がいた。

　金徳院の主神は観音菩薩、その脇には関帝と媽祖がある。主殿以外の殿では、城隍神、広沢尊王、註生娘娘、二郎神などがある。

ジャカルタ金徳院

31)　川野明正氏のブログ（https://ameblo.jp/kawa721/）「金徳院」の項目より。

　地蔵殿は主として地蔵菩薩を祀るが、脇に数多くの神々も祭祀している。関帝、玄天上帝、天后媽祖、哪吒太子、福徳正神などである。

ジャカルタ金徳院地蔵殿

　金徳院のすぐ隣は、サンタマリア・ファティマ教会（Saint Mary Fatima Catholic Church）であるが、こちらの建物は建物が華人廟に似ており、石の獅子まで飾られているため、筆者は華人廟かと思ってしばらく調査してしまった。ただ、正面には大きなマリア像を飾る。

　この教会のすぐ前にあるのが、大史廟（Vihara Dharma Jaya Toasebio）である。ここは清元真君を主神とする廟で、1755年の創建であるという[32]。さらに天后媽祖、玄天上帝、三官大帝、観音菩薩、財帛星君、福徳正神など多くの神々も祀っている。

---

32)　大史廟サイト（http://viharatoasebio.com/kelenteng/home/）による。

ジャカルタ大史廟

この大史廟についても、川野明正氏の報告がある[33]。

　大史廟は、台湾では大使爺廟とも呼ばれる。主神は謝府元帥謝玄（東晋の将軍・343-388）を祭祀するもので、「清元真君」は厦門系の呼称であり、やはり福建南部系華人の廟堂である。大史は「王孫大使」の意味で、道教の流派で、閭山法教王孫派の流れを汲むと思われる。しかし大史廟を「トゥアセッビョ」（Toa Sek Bio）と読むのは客属系の発音と思われ、福建南部方言でも広東方言でもない。それに祭祀神も鳳山寺の神、郭聖王（＝鳳山寺で常に祭祀される広澤尊王）、福建省安渓県系の守護神である清水祖師を祭祀して、各地の守護神が一堂に会している。神祇も道教系・仏教系・儒教系（孔夫子＝孔子）と、三教同源的な意識で祭祀されている。同様な性格は、ジャカルタ華人の寺院である金徳院でもみられる。大史廟は1740年の華人の虐殺事件で壊され、1752年に再建された。現在の廟堂は近代的なビルディングで、真っ赤に塗られていて驚く。だから正確には歴史建築ではない。祭神はとても多い。清元真君・天狗将軍・花公花母・財帛星君・孔夫子・如来仏・太上李老君（老子の神格化）・地蔵王菩薩・済公活仏（乞食僧の恰好をした神仙）・達摩祖師・郭

　　聖王・清水祖師・関聖帝君・八仙・玄壇公（武財神趙公明）・太陽星君
　　（太陽の神格化）・太陰星君（月の神格化）・包公（冥界の閻羅王）・聖母
　　娘娘・観音仏母・福徳聖神・衆仏神霊（諸神諸仏・観音像・関帝像・土
　　地神の奉納が多い・引っ越しなどで不要になった神仏像を廟内に祀り込
　　める）などが祭祀される。

　すなわち、大史とは王孫大使である謝玄である。これは、ペナン島のクー・
コンシーにおいても主神であった。そして、金徳院の恵沢廟においては、や
はりペナン島のヤップ・コンシーの恵沢尊王を祭祀しているのである。ペナ
ン島とジャカルタで、おそらくは同系統の祭祀を引き継いでいるものと思わ
れる。
　さらにこの近くには小規模の法主公廟があり、その先の川沿いのところに
開漳聖王廟（Vihara Tanda Bhakti Jakarta）がある。

ジャカルタ開漳聖王廟

　こちらでは主神である開漳聖王のほか、三清、文昌帝君、薬王などを祀る。
開漳聖王廟として信仰される一方で、陳氏の宗祠としての機能も有している。

7．バンコクの華人廟

　タイのバンコクでは、ヤワラート通り（Yaowarat Road）の近くにチャイ

ナタウンが形成されており、有名な地区となっている。チャルンクルン通り
がまた近くに走っており、そちらにも華人廟がいくつか存在する。
　この地域には華人廟のほか、黄金仏寺院と呼ばれるワット・トライミット
（Wat Traimit）などもある。近くの市場はいつも人であふれており、観光地
としても賑やかな地区となっている。
　タイにおける華人文化については、玉置充子氏が次のように述べている[34]。

　　実際、現在のタイにおいて「華人」と「タイ人」を区別することは困難
　であるだけでなく、ほとんど意味がないとさえ言える。現在、タイ華人
　の多くは中国系移民の子孫であるというルーツを自覚し、祖先祭祀など
　中国由来の慣習を多少なりとも維持しているが、彼らがタイ人としての
　アイデンティティと華人としてのアイデンティティを両立することは、
　決して矛盾しない。

ただ、この地域の華人廟はだいたい潮州系だといわれている。桑野淳一氏は
次のようにヤワラートについて述べている[35]。

　　潮州人が大量にタイにやって来たのは、前記したようにトンブリ王朝を
　開いた潮州人（正確には潮州人の子）タクシン王によるものであるが、
　しかしそれ以前にも潮州人はこの国にやって来ていた。バンコクではな
　いが東南部のバンプラソイ（チョンブリー）に潮州人のコミュニティが
　形成されていたという記録がある。17世紀、満州人（清朝）によって潮
　州も征服され、それをいやけした潮州人は言わば避難民のような形でやっ
　て来ていたのだった。すでに17世紀後半にはバンプラソイ一帯に定着し
　ていたからこそ、その後トンブリ、バンコク王朝を通じて大量に潮州人

34)　玉置充子「タイ現代史の中の潮州系善堂」（志賀市子編『潮州人—華人移民のエスニ
　　シティと文化をめぐる歴史人類学—』風響社2018年所収）286頁。
35)　桑野淳一『バンコク謎解き華人廟めぐり』（彩流社2019年）102頁。

　がやって来る素地ができていたと言っても良いだろう。

　先に見た玄天上帝を主神とする大本頭公廟について、桑野淳一氏は、もともと福建人が来た時に作った玄天上帝廟が、のちに潮州人が地域の中心となり、本頭公も祭祀されるようになったと主張する[36]。確かに、そう考えるとなぜ玄天上帝廟と称さないのかが理解できる。

バンコク大本頭公廟

　この付近には有名な七聖媽廟（Chit Sia Ma Shrine）がある。潮州系の媽祖廟で、百年以上の歴史を持つとされている。

バンコク七聖媽廟

なかには7種の媽祖像が安置されており、そのためこの名がある。また別に地名を冠して「四丕耶七聖媽廟」とも称される。観音菩薩、関帝、福徳正神が併祀されるいっぽうで、ラーマ5世の像もまた祀られる[37]。

　潮州系の廟だけではなく、海南系の挽叻昭応廟もまたこの近くに存在する。昭応廟は、百八兄弟を主とする廟である。また海南系の女神、水尾聖娘も祀られる[38]。さらに広東系の広肇会館もまたこの付近にある[39]。

　また、小廟であるが斉天大聖を祀る大聖仏祖廟（Hengchia Shrine）が目立った存在である。斉天大聖は、シンガポールやマレーシアにも多くの廟があるが、どこでも人気の神となっている。

　この地区にはまたタイ式ではない、中華系の仏寺が存在する。それが龍蓮寺（Wat Mangkon Kamalawat）である。潮州系の仏寺で、毎日、たくさんの信者で賑わっている。1871年の建立で、本殿が大雄宝殿となる伝統的な作りとなっている[40]。

バンコク龍蓮寺大雄宝殿

　龍蓮寺には、三世仏や観音、地蔵などの菩薩のほか、数多くの神々が祀ら

37)　中文ウィキペディア（https://zh.wikipedia.org/wiki/）「四丕耶七聖媽廟」の項目参照。

38)　中文ウィキペディア（https://zh.wikipedia.org/wiki/）「挽叻昭応廟」の項目参照。

39)　桑野淳一『タイ謎解き町めぐり』（彩流社2017年）181頁参照。

40)　中文ウィキペディア（https://zh.wikipedia.org/wiki/）「龍蓮寺」の項目参照。

れている。伽藍守護については、関帝を「山西夫子」として祀り、さらに監斎菩薩がある。脇の殿には、華陀、薬王、財神、本頭公などを祭祀する。

　龍尾古廟（Leng Buai Ia Shrine）もまたよく知られた廟である。タイのなかでも古い廟とされ、市場のなかにあるが参拝する人も多い[41]。

　殿には、龍尾聖王とその夫人、関帝、九天玄女、福徳正神、財帛星君、青龍王、花公などが並ぶ。龍尾聖王も不明な点の多い神のひとつである。一説によれば、龍尾聖王はまた「虱母仙」とも称され、潮州地域の有力な神である。その根拠も明確ではないが、元末の鄒普勝がその人物であるとされる。ただ、他にも比定される人物は多い[42]。

バンコク龍尾古廟

41）　英文ウィキペディア（https://en.wikipedia.org/wiki/）「龍尾古廟」の項目参照。

42）　中文ウィキペディア（https://zh.wikipedia.org/wiki/）「虱母仙」の項目参照。

第3章　いくつかの宗教施設と祭神

1．宗教施設の性格

　同じ華人廟であっても、民間信仰の廟と民間宗教の廟では、やや性格が異なっている。特にシンガポールの聯合廟の場合は、性格の異なる廟をひとつの廟のもとに集めてしまう場合があり、より性格を見えにくくしている。ここでは、シンガポールとマレーシアの事例を中心に、いくつかの宗教施設の性格の違いについて見てみたい。

　中華系の宗教としては、まず想起されるのは仏教と道教である。シンガポールには、蓮山双林寺（Lian Shan Shuang Lin Monastery）や光明山普覚禅寺（Kong Meng San Phor Kark See Monastery）のような規模の大きな仏教寺院があり、多くの信徒を集めている。

　一方で、道教に関しては「道観」といえるものは少ない。多くの華人廟はタンキーや師公によって儀礼が行われており、伝統的な道教儀礼とはやや異なっている。ただ、近年はこの風潮も変化しており、「道教」を前面に押し出してきている廟がいくつも存在する。その例としては、三清宮、菲莱芭城隍廟、先に見たテロックエアの玉皇宮などがある。また師公も道士と称されることがあり、厳密に分けようとすると、かえって混乱するかもしれない。

　そして民間宗教系の廟が存在する。特に知られているのが、徳教と真空教のものである。これとは別に善堂系の廟も数多くある。また三教一致の傾向が強い三一教、金英教、黄老法門（慈教）などの廟もある。そして、これがもっとも数が多いと思われるが、地元の人々が奉ずる一般の廟がある。ただ、祭神を見ただけではこれらの区別はなかなか判じがたい。

　たとえば、シンガポールトアパヨーの蓮山双林寺であるが、この寺院自身はシンガポールでもっとも古いとされる寺院である。創建は1898年。ただ、現在は殿宇も建て直して、山門、天王殿、大雄宝殿、法堂に仏塔という、一般的な寺院の構造になっている。

　大雄宝殿に祀られるのは三世仏で、他の殿宇には観音菩薩や地蔵菩薩など
を祀る。伽藍神としては、関帝と華光大帝を祀る。この寺院が建てられるに
あたっては、商人の劉金榜の力が大きかった[1]。

シンガポール双林寺大雄宝殿

　しかし、この寺院よりも多くの参拝客を集めているのは、双林寺の境内の
なか、手前に位置する双林城隍廟（Siong Lim Temple）である。
　この城隍廟は大きく、数多くの神を祭祀している。福建系の廟のはずであ
るが、福建系の保生大帝、註生娘娘、清水祖師のほか、広東系の華光大帝や
金花娘娘なども祀っている。むろん主神は城隍神であるが、他に大伯公も祀
る。

１）　前掲許源泰『沿革与模式：新加坡道教和仏教伝播研究』104-113頁。

シンガポール双林城隍廟

　道教を前面に押し出した廟としては、マクファーソンの菲菜芭城隍廟、そ
れにベドクの三清宮などがある。

　菲菜芭城隍廟は、1917年に福建の安溪から神像を将来して設立したもので
ある。1956年に重建、楊桃園城隍廟はその分霊によって作られた。1980年代
に土地収用が行われ、いまの殿宇が作られたのは1988年のことである[2]。ま
た三清宮は、菲菜芭城隍廟の付設の大伯公廟である。

マクファーソン菲菜芭城隍廟

2）　シンガポール菲菜芭城隍廟編『拝太歳二集』（宗教文化出版社2012年）7-9頁。

　1993年に菲菜芭城隍廟は、北京白雲観などと合同の活動を行い、六十太歳を配し、その祭祀を行うことにした。こういった動きから、菲菜芭城隍廟は全真教系の道観とされ、現在に至っている[3]。三清宮においても道教の祭祀を行っているが、儀礼などはすべて「全真教系」ということになっている。菲菜芭城隍廟も三清宮も、玉皇大帝、関帝、媽祖、文昌帝君など、数多くの神々を併祀する。祭祀のほか、芸能活動なども会場でさかんに行われている。これとは別に、正一系の道教の廟の活動もむろんある。

　そして民間宗教のなかでも、徳教はよく知られており、関連する研究も多い[4]。ただ、野口鐵郎氏の指摘するように、徳教の活動は慈善活動などに重きを置いているため、華人廟としての活動はあまり見なかった。ユーノス付近の徳教太和観（Thye Hua Kwan Moral Society）ほか、いくつかの廟がある。徳教では太上老君を重んずるため、太上老君を主神として祀るところが目立つ。建物は、伝統的な廟の形とは異なったところが多い。

　善堂では、潮州系の宋大峰（そうだいほう）を祀るところが多い。宋大峰については、志賀市子氏が次のように述べている[5]。

　　潮汕地域の善堂の祭神として最も普遍的な宋大峰とは、北宋末に閩の国から潮陽和平に入り、交通を阻んでいた河に橋をかけるなど数々の善挙を行ったとされる禅僧である。宋大峰は一般に「大峰祖師」と呼ばれる。

3）　前掲許源泰『沿革与模式：新加坡道教和仏教伝播研究』233-237頁。

4）　ここでは、野口鐵郎「東南アジアに流伝した二つの中国人宗教」（前掲酒井忠夫編『東南アジアの華人文化と文化摩擦』所収）263-319頁、黄蘊「潮州系善堂における経楽サービスとそのネットワーク」（前掲志賀市子編『潮州人』所収）219-255頁、前掲許源泰『沿革与模式：新加坡道教和仏教伝播研究』74-93頁などを参照した。

5）　志賀市子『〈神〉と〈鬼〉の間—中国東南部における無縁死者の埋葬と祭祀—』（風響社2012年）181頁。

宋大峰祖師

　このように善堂系の廟には、よく宋大峰祖師が祀られているのを見る。許
源泰氏は、善堂系廟の多くは20世紀初めから徐々に建てられていったことを
指摘する。現在、宋大峰祖師を祀る善堂は、シンガポール全体で11箇所にの
ぼるとのことである[6]。なお、聯合廟のなかに含まれる廟も多い。

　ここではイーシュン（Yishun 義順）にある南鳳善堂（Nam Hong Siang
Theon）を見てみたい。

　イーシュン付近は、そもそも葬儀場や壁式の墓地などが多く存在するとこ
ろである。そして、環状路のあたりには、華人廟、聯合廟が点在している。

　南鳳善堂は、もともとはセンバワン近くに1960年代に建てられた廟である。
しかし、その後土地収用などがあり、1984年にイーシュンに移転、いまの建
物は2013年に建てられたものであり、まだ真新しい建築である[7]。筆者が見
学した際にも、ひっきりなしに信徒が訪れて参拝していた。主神は宋大峰祖
師、脇に観音菩薩と地蔵菩薩を祀る。

6）　前掲許源泰『沿革与模式：新加坡道教和仏教伝播研究』81-82頁。
7）　「Singapore Chinese Temples 新加坡廟宇」（http://www.beokeng.com/）の記載に
　　よる。

イーシュン南鳳善堂

　筆者はまた、マレーシアやシンガポールの各地で、黄老仙師系に属する廟もいくつか見た。黄老仙師系は、別に「慈教」とも称しており、廖俊によって作られた宗派である。これについては、佐々木宏幹氏が次のように記す[8]。

　　黄老仙師慈教は一客家人により創唱され、西マレーシア西部諸州および隣国のシンガポールの華人社会に教線を張る新宗教集団である。慈教は1951年に広東省出身の廖俊（廖俊声1900-1972）により創唱された。（略）慈教の特色は、それが一童乩によって創唱されながら、"脱童乩"的性格を強く出している点にあると見られる。

筆者が見た廟としては、マレーシアのクアラ・ルンプール黄老仙師慈忠廟（Wong Loo Sen See Chee Choong Temple）、シンガポールのマクファーソン慈忠廟（Chee Chung Temple）などがある。
　いずれの廟にせよ、黄老仙師系では、祭祀される神は3尊である。すなわち、黄老仙師、太上老君、斉天大聖（せいてんたいせい）である。
　これは三教一致を象徴するとのことで、黄老仙師は儒教、太上老君は道教、

8）　前掲佐々木宏幹『スピリチュアル・チャイナ―現代華人社会の庶民宗教―』164-169頁。

そして斉天大聖は仏教を示すようである。

マクファーソン慈忠廟の黄老仙師

　黄老仙師は、秦漢の交代期に張良に兵法を授けた黄石公のことであるらしい。これらの神々をもって儒・仏・道の代表とするには、やや疑問に思うところもあるが、そこはあまり考えないことにしたい。

　ほかにも、活動がさかんな宗派として金英教がある。金英教も三教一致の傾向が強い宗派である。金英祖師をその本尊として祀る。広東羅浮山の白鶴寺に由来し、すでに3百年の歴史があるという[9]。

　筆者が見た廟としては、マレーシアのプタリン・ジャヤ（Petaling Jaya）の双渓威金英廟（Selangor Petaling Jaya Kam Ying Temple）、シンガポールのアンモーキオのアンモーキオ聯合廟のひとつである金英堂（Kim Eang Tong）がある。もともとの廟は1960年代からあったようだが、1980年代に聯合廟として再構成されたのが現在の廟である[10]。

　9）　中文ウィキペディア（https://zh.wikipedia.org/wiki/）の「中国秘密宗教」の項目
　　　参照。
　10）　「Singapore Chinese Temples 新加坡廟宇」（http://www.beokeng.com/）の記載による。

アンモーキオ金英堂

　主神は金英祖師であるが、これが前掛けを着けた子どもの姿の像であり、非常に珍しい。似たような像としては、哪吒太子や紅孩子などの像があるが、そのために間違えられることもあったようである。

　金英教の廟は、一般の華人廟とはまた異なる特色があり、聯合廟のなかにあっても、どこか別の存在に思える。

2．ガネーシャ神と華人廟

　シンガポールにおいては、様々な宗教施設が併存する様子が見られる。キリスト教の教会、イスラム教のモスク、ヒンドゥー教の寺院、仏教の寺院などが、かなり近接して建てられている。仏教の寺院も、中華系、タイ系、ミャンマー系などの種類があり、またヒンドゥー寺院も北方系もあればタミル系も強い。

　これらの宗教施設は、それぞれ独立して活動を行うのが基本であり、協力することは少ないようである。むろん、仏寺が共同で行事を行うことは多く、ヒンドゥー寺院の祭りも各寺院が協力して行われる。ただ、ヒンドゥー寺院と仏教寺院が共同で行事を行うことはあまり見なかった。また、華人廟においては、神仏の習合が行われるのは一般的であるが、他の宗教との共同の祭祀などは少なかったように思える。

　しかし、いくつかの華人廟においては、ヒンドゥーの神々が中華系の神々

と同居して祭祀され、中華系、インド系のそれぞれの信徒が同時に双方の神を拝むという現象が見られた。

　この例でよく言及されるのは、ブギス付近の観音堂（Kwan Im Thong Hood Cho Temple）とスリ・クリシュナン寺院（Sri Krishnan Temple）の関係である。この両寺院は繁華街のなかにあり、観音堂はいつも参拝客であふれているような寺院である。両寺院は隣にあると称してもかまわないくらいの近距離にあるため、観音堂の参拝客の多くが、スリ・クリシュナン寺院のほうにも参拝していく。

　とはいえ、隣接した華人廟とヒンドゥー寺院の大多数は、通常は没交渉である。一般にヒンドゥー寺院では、僧侶の祭祀する内陣については、信徒以外の立ち入りを禁じていることも多い。

　しかし、華人の民間信仰とヒンドゥー教の信仰が双方ともにひとつの廟で行われる例も、少数ながら存在する。ここではシンガポール東部の洛陽大伯公廟など、いくつかの例を取りあげ、華人廟におけるヒンドゥー神の習合について検討したい。

　洛陽大伯公廟（Loyang Tua Pek Kong Temple）は、シンガポールの東部、チャンギ空港からそう遠くないところに位置する廟である。ただ、交通の便からすると、あまりよい場所とはいえない。その由来などについては、廟のサイトに詳しい記載がある。

洛陽大伯公廟サイト

　それによれば、1980年代から廟は道教・仏教、中華系の民間信仰、ヒンドゥー教の神々を並べて祭祀する形で始まった。1996年に火災に遭って焼失したものの、2000年に再建された。現在の位置に移転したのは2007年のことである[11]。それほど古い歴史を有する廟ではない。ただ華人廟にしては珍しく「24時間営業」を行っている。

洛陽大伯公廟

　廟の主神は大伯公である。併祀される神々は、七爺・八爺、天后媽祖、文昌帝君、孔子、地蔵菩薩、観音菩薩、拿督公、そしてガネーシャ神である。このように、道教・仏教や民間信仰の神々に、ヒンドゥー教の神を加えるのがこの廟の特色である。宗教職能者も、華人系の法師、ヒンドゥー系の僧侶がともに存在している。

11）「洛陽大伯公廟サイト」（http://www.lytpk.org.sg/about.htm）。

洛陽大伯公廟の大伯公

　参拝客も、インドのタミル系、中華系の人々が混在して訪れる。そしてタミル系の人々は中華系の神を、中華系の人々はヒンドゥーの神をといったぐあいに、双方の神々を拝んでいく。多民族国家シンガポールを象徴するかのような廟である。

　とはいえ、ヒンドゥー僧侶が祭祀を行っている内陣については、通常はヒンドゥー教の信者のみが入れる所であり、そこはやはり区別がある。

ガネーシャ神を拝む中華系の信者

　洛陽大伯公廟のようなヒンドゥー系、華人系複合の廟は、シンガポールにおいて他にもいくつか存在する。

　九条橋拿督壇は九条橋新芭拿督壇（Jiu Tiao Qiao Xinba Nadutan）とも称され、1927年に創建された廟である。ただ、2004年からは、いくつかの廟とともにタンピネスの一角に移っている[12]。

九条橋拿督壇の内部

　祭祀される主神は拿督公、大伯公である。主神の脇には、ガネーシャ神の像が鎮座する。このように、中華系のパンテオンに混ざる形でガネーシャが祀られるのは、珍しいかもしれない。

九条橋拿督壇のガネーシャ神

12）「Singapore Chinese Temples 新加坡廟宇」（http://www.beokeng.com/）の記載による。

　さらに、イーシュンにある合春格福発宮（Hup Choon Kek Hock Huat Keng）も特徴的な廟である。こちらは1990年代に整理された聯合廟である。

福発宮の内部

　中心になるのは大伯公である。この福発宮の隣に隣接してヒンドゥー寺院があり、多くのタミル系の住民が参拝していた[13]。

福発宮に隣接するヒンドゥー寺院

13）　この寺院は、Sri Veeramuthu Muneeswarar Temple という名であり、Mariamman
　　女神などを祀る。

　華人廟において祭祀されるヒンドゥーの神は、調べた限りではガネーシャ神の場合が多かったように思える。シンガポールでは南インドのタミル系の信者が強いため、その影響を受けてのことと考える。一方で、ガネーシャ神は華人の間では「財神（福の神）」であると考えられており、おそらくそのために祭祀されている可能性も高い。なお、シンガポールではないが、タイにおいてやはりガネーシャ神を華人廟で祀る例もあるようである。

　これについて、玉置充子氏は次のように述べる[14]。

　地図で適当に目星をつけた華人廟の近くまで来ると、なにやら賑やかな音楽が聞こえてきた。そのまま道を進むと目の前に華人廟が現れた。それほど大きくはないが、日曜日でもないのに大勢の人で賑わっている。どうやら祭りのようだ。本堂の入り口にはタイ文字とともに漢字で「巴比加尼宣」と書かれている。中に入ってみて、この名前の意味がわかった。内部は普通の華人廟と変わらない造りだが、祀られているのは華人廟で見慣れた仏教や道教の仏神ではなく、ヒンズー教の神ガネーシャなのだ。「加尼宣」というのはつまりガネーシャの漢字表記だった。（略）Jさんに、なぜ華人が華人廟でガネーシャを祀るのか聞いてみると、華人文化とタイ文化がミックスした結果だというような答えが帰ってきた。ただ、彼女自身も廟の起源や謂れは知らないようだった。ガネーシャが祀られていても、祭りに集う信者は華人ばかりで、廟の様子も参拝の仕方も他の華人廟と何ら変わるところはない。台湾や福建にもある願掛けの道具「ポエ」もある。また、本堂のほかに観音を祀る小さい堂があって、中にはやはり初老の華人女性が観音の扮装で座り、信者の礼拝を受けていた。筆者は、東南アジアでほかにガネーシャを祀る華人廟が存在するのか、寡聞にして知らない。

---

14)　玉置充子「タイ南部の華人廟つれづれ」（拓殖大学 http://www.cocs.takushoku-u.ac.jp/nl 4 /3.htm）。

　実際に、あまり例は多くないと考えられる。むろんシンガポールでも、洛陽大伯公廟のようなスタイルはそれほど一般的ではない。また、ガネーシャ神が祀られるのは、やはり財神として扱われているからだと考える。

　これについて、むしろ想起されるのは、日本での例であるかもしれない。日本では、ガネーシャ神は聖天、あるいは歓喜天という名称で、仏教の諸天のひとつとなっている。

　聖天を祀る有名な寺院といえば、生駒の宝山寺がまず思い浮かぶ。「生駒の聖天さん」と呼ばれる代表的な寺院である。その信仰について、新田義圓氏の文章はこう記す[15]。

> 　民間にあっては蜜柑で名高い紀伊国屋文左衛門、大阪の豪商で、今も淀屋橋にその名を残す淀屋辰五郎、淡路の出身で幕末北海道で大活躍をした海運業者高田屋嘉兵衛など、いずれも聖天を祈って大をなした人達である。（略）元禄年間幕府の許可を得て四国の別子に銅山をいとなんだ住友家が、その事業繁栄と家運隆昌を念じて寄せた祈禱の依頼文や、当主の病気平癒を頼んできた手紙が二十通程生駒聖天さんに残されている。また、堂島の米問屋仲間が組合をつくって熱心な聖天信仰を続けたあとを物語る文書も宝山寺に見られる。これをもって見ても、関西における聖天信者層の広さが推察できるであろう。

宝山寺の本尊は不動明王であるが、実際には聖天の信仰が強かったことがうかがえる。いずれにせよ、関西の商人の間で「福の神」としての尊崇が大きかったことがわかる。これは、実は華人廟における役割とそう変わりはない。

　これとは別に、山崎の天王山に位置する観音寺も、「山崎の聖天さん」として知られており、山崎聖天と称されている。

---

15)　新田義圓「聖天信仰の本義と時代背景を求めて」（宝山寺サイト https://www.hozanji.com/img/shouden_hongi.pdf）。

3．『西遊記』『封神演義』の華人廟への影響

　中国大陸、香港、台湾の廟の多くは、『西遊記』や『封神演義』の流行を受けて、その祭祀に大きな影響を受けている。そしてこれは、東南アジアの華人廟でも変わらない。

　そもそも、斉天大聖を祀る廟というのは、『西遊記』の孫悟空を祭祀しているわけで、まず『西遊記』の流行あっての廟である。要は『西遊記』があまりに広まってしまったため、孫悟空が神として祀られるようになったわけである。

　天蓬元帥も、もとは道教の著名な神であったが、『西遊記』で「猪八戒は天蓬元帥の下ったもの」とされてからは、八戒と天蓬元帥が同一のものとみなされてしまった。これも、『西遊記』の流行のせいである。

　『封神演義』の流行も、『西遊記』以上に影響を与えている。

　たとえば、東岳大帝はもともと称号のみで呼ばれることが多かった。しかし『封神演義』で「東岳大帝は黄飛虎である」とされてからは、東岳は黄飛虎の名で呼ばれることが広まった。また二郎神はもともと「李冰」「趙昱」などの名があったが、『封神演義』で「楊戩」という名であるとされてからは、多くの寺廟で「楊戩」と呼称されることなった。哪吒太子はもともと風火輪に乗ってはいなかったのだが、『封神演義』でそのように設定されてからは、輪に乗る神の代表ということになってしまった。

　そのため、華人廟を見るときは、どこまでが『西遊記』『封神演義』の影響で、どこまでがもとからの信仰か、理解しながら見わける必要がある。

　シンガポールのチョン・バルー（Tiong Bahru）の近くに玉皇廟があり、玉皇殿（Geok Hong Tian）或いは黒橋玉皇殿と呼ばれている。1887年に建てられた廟で、シンガポールのなかでも有数の古い廟に属する。主神は玉皇大帝である[16]。

16）　前掲ケネス・ディーン・許源泰『新加坡華文銘刻彙編1819-1911』767-778頁。

チョン・バルー玉皇殿

　この廟に二十四天君を配する。二十四天君といえば雷部の神々を並べたものである。『封神演義』においては、十絶陣において聞仲に協力した十天君、それに菡芝仙や吉立などいくつかの仙人や武将を加えて構成されている。『封神演義』における二十四天君の人員は、以下の通りである。

　　鄧天君忠・辛天君環・張天君節・陶天君栄・龐天君洪・劉天君甫・苟天
　　君章・畢天君環・秦天君完・趙天君江・董天君全・袁天君角・李天君德・
　　孫天君良・百天君礼・王天君変・姚天君斌・張天君紹・黄天君庚・金天
　　君素・吉天君立・余天君慶・閃電神金光聖母・助風神菡芝仙

　この天君の組み合わせは、中国大陸や台湾の廟でも見ることができる。ただ、玉皇殿の二十四天君は、この人員を基礎にして、さらに改変を加えたものであった。

　　朱天君（金光聖母）・孫天君（斉天大聖）・魔礼青（増長天）・殷天君（殷
　　郊）・魔礼紅（広目天）・董天君（董全）・秦天君（秦完）・魔礼寿（持国
　　天）・韋陀天・李靖（托塔天王）・関天君（関帝）・楊戩（二郎神）・趙天
　　君（趙公明）・康天君（康席）・張天君（張節）・馬忠（華光大帝）・陶天
　　君（陶栄）・魔礼海（多文天）・姚天君（姚斌）・黄天君（黄飛虎）・王天

君（王奕）・柏天君（柏鑑）・李天君（李哪吒）・韋護

　やや不可解な組み合わせとなっている。まずもともとの十天君として、金光聖母・董天君・秦天君・張天君・姚天君・王天君が入っている。しかし他の天君は、『封神演義』に登場する他の人物に置き換わってしまっている。たとえば、哪吒・楊戩・韋護・李靖・黄飛虎・殷郊・柏鑑がそれに当たる。そして『封神演義』由来の四天王である魔家四将が加わっている。さらに趙天君は趙公明に置き換えられ、馬忠も華光大帝に変わっており、柏天君も柏鑑に変わっている。これは『封神演義』では本来「百天君」であるのに、流布本によって「柏天君」とされてしまい、さらに活躍の機会がある柏鑑に置き換わってしまっているものと推測される。そのうえ斉天大聖や関帝もなぜか加わっている。こちらはむしろ『西遊記』や『三国志演義』の影響であり、『封神演義』とは関係ない。

　すなわち、『封神演義』の影響とはいいながら、さらに著名な神々にこれを置き換えてしまっているのが特徴である。このような二十四天君はかなり特異であり、非常に興味深いものである。

　マレーシアのペナン島のペナンヒルに近いところに、いくつかの廟が点在している。ここに天公壇（Thean Kong Thnuah）があり、1867年の建とされる。やはり玉皇大帝を祀るものである。

　ここにもいくつかの天君があった。あるいは十二天君に近いものかと考える。十二天君も、雷部の神々を据えるときによく見る組み合わせである。筆者は以前に、大陸の蘇州玄妙観における十二天君について分析を行った[17]。しかし、そのような雷部の標準的な天君と異なり、天公壇に見える組み合わせは以下のようなものであった。

　　黄天化・土行孫・雷震子・哪吒・伯邑考・殷郊・金光聖母・菌芝仙・赤松子・祝融・雲中君・華光大帝

---

17)　前掲筆者『明清期における武神と神仙の発展』141-153頁。

　『封神演義』からは、哪吒・土行孫・雷震子・金光聖母・殷郊・菌芝仙が加わっている。こちらは、五行と風雨に関する神に結びつけられている。また華光大帝の姿は、こちらはすっかり楊戩の姿をしており、華光と楊戩の混淆があるように思えた。それにしても、天君に星神とはいえ伯邑考が入っているのは珍しいといえよう。

天公壇の金光聖母・哪吒・伯邑考

天公壇の菌芝仙・赤松子・雷震子

　哪吒を主神とする廟は、シンガポールやマレーシアの各所に点在する。これに比べて、その兄弟神である金吒や木吒についてはやや影が薄い。

　しかしクアラ・ルンプールの近郊、セランゴール州のクランには木吒太子
廟（巴生木吒宮李府二太子・Klang Li Fu Erh Tau Tze）がある。創建は1988
年で比較的新しい。ただ、規模の大きい廟である。台湾にも木吒廟は存在す
るようであるが、東南アジアではさらに少ない。

　この木吒太子廟の主殿には哪吒三兄弟を祀る。大太子金吒・二太子木吒・
三太子哪吒と呼称される。これは一般に哪吒太子廟でもよく見られるもので
ある。

木吒太子廟の哪吒・金吒・木吒

クラン木吒太子廟

　哪吒太子については、一般に見られる哪吒廟と同じ持ち物である。すなわ

ち、輪に乗り、火尖槍と乾坤圏を手にする。これは『封神演義』に見られる
もので、大陸や台湾でもほぼ同じである。

　木吒と金吒の持ち物であるが、片方が錘であり、片方が剣である。『封神演
義』の物語においては、金吒は遁龍椿と宝剣を持ち、木吒は呉鈎剣を持つ。
ともに主な武器は剣のはずであり、錘は持っていないはずである。しかし、
台湾の廟などでも木吒あるいは金吒が錘を持っている像が見られるようであ
る。

　ただ、これにも少し問題がある。錘は『封神演義』では、黄飛虎の息子の
黄天化の武器とされているからである。むろん、黄天化も時に剣を持つこと
があるのだが、『封神演義』の挿絵を見ていると、ほぼ黄天化は常に錘を持つ
姿で描かれている。

　先に見たペナン島の天公壇には、黄天化の像もあるが、その像は錘を持つ
ものであった。

天公壇の黄天化

　これは先に見た玉皇殿の二十四天君でも同じであり、やはり黄天化は錘を持つ。すなわち、現在の廟で金吒・木吒兄弟が錘を持つのは、黄天化から移されたものであろう。おそらく、哪吒兄弟が槍と剣と錘とで、それぞれ三名が別の武器を持つようバランスを取ったものと考えられる。しかし、本来の『封神演義』の姿とはまたずれが生じてしまっている。

　哪吒太子は、シンガポール・マレーシアでは「中壇元帥」「蓮華三太子」の称号で呼ばれることが多い。台湾では、中壇元帥の称は一般に広まっている。

　シンガポールでは哪吒を主神とする廟はいくつもあり、チョア・チュー・カン（Choa Chu Kang）の斉神宮（Chee Seng Temple）、アン・モー・キオ（Ang Mo Kio）の蓮華壇（Lian Huay Temple）、タンピニス（Tampines）の天徳宮（Tian Teck Keng）、プンゴル（Punggol）の天慈宮（Tian Ci Gong）などが知られている。いずれも、聯合廟のひとつとなっている。

　台湾でよく哪吒太子の生誕日とされる旧暦9月9日は、マレーシアやシンガポールにおいては、ほぼ九皇大帝の祭りと重なるため、やや勢いがない。また、マレーシアやシンガポールの廟では、哪吒太子は五営の主神とされるため、数多くの廟で併祀されている。

天慈宮の中壇元帥

　このほか、インドネシアのジャカルタのグロドックの金徳院のなかにも、哪吒は主神ではないが、脇の壇をひとつ占める形で祀られている。

金徳院の哪吒太子

　マレーシアのマラッカには、哪吒を主神とする廟があり、哪吒宮との額があった。脇にある神は、斉天大聖と張法主公であり、それに土地神と観音を祀る。

マラッカの哪吒宮

　ただ、哪吒太子廟については、『封神演義』に由来するという性格のものではない。むろん、なかの像の姿は『封神演義』の影響を受けている。
　『封神演義』で厄介なのは、どこまでが『封神演義』に基づく神仙なのか、或いはもともと存在した仙人なのか、見極めにくいことである。たとえば、『封神演義』に登場する教主のうち、老子と元始天尊は三清として、道教経典

にも見られる教主である。しかし、通天教主（つうてんきょうしゅ）と鴻鈞老祖（こうきん）（鴻鈞道人）については、『封神演義』オリジナルの神仙である。『封神演義』では、三清はこれとはまた別に設定されている。また接引道人のように、阿弥陀如来の設定を借りてくる場合もある。ただ元始天尊にしても、『封神演義』の場合は、やや本来の姿とは異なる形象となっている。とはいえ通天教主を神として祀るのは、これは完全に『封神演義』に由来するものなので、その点については見分けやすい。

　シンガポールのマクファーソン（MacPherson）駅の近くには、菲菜芭城隍廟など、いくつかの大きな廟が集まっている。この近くには風火院（Fung Huo Yuan）を含むパヤ・レバー聯合廟（Paya Lebar United Temple）が存在する。

　風火院（Fung Huo Yuan）は1963年の建になる廟で、斉天大聖廟の大聖宮（Da Sheng Kong）とともにパヤ・レバー聯合廟を組織する。

マクファーソン風火院

　風火院という名称の場合、中国大陸などでは一般に田都元帥の廟を指す場合が多い。ただ、この廟においては、三清と同等のものとして鴻鈞道人や通天教主を祀っている。同様の現象はフィリピンにもあり、マニラの九霄大道観において鴻鈞道人や通天教主が祀られていたという記録がある[18]。

　このような現象は、むろん他の地域の華人廟にも見られるものであるが、

『封神演義』の影響と比しても興味深いものがある。

　『西遊記』の影響については、先にも見た通り、斉天大聖廟の存在が挙げられる。斉天大聖を祀るのは福建によく見られる現象であるが、どうも潮州系の廟でも多いように見受けられる。

　哪吒太子とともに祀られることも多く、マラッカの哪吒廟では、哪吒と斉天大聖が並んでいた。これはペナン島などでもよく見る例である。

　先に少し見たタイのバンコクのヤワラート通りの近くに、小規模ながら斉天大聖を祀る大聖仏祖廟（Hengchia Shrine）があり、ここは多くの信者で賑わっていた。明らかに潮州系の廟である。

バンコク大聖仏祖廟

　シンガポールでは、聯合廟のなかに斉天大聖廟が含まれていることが多い。ただ、数は少ないが独立した廟もある。

　先に見たチョン・バルーの玉皇殿に近いところに、斉天宮（Qi Tian Gong）がある。こちらは1920年に作られた斉天大聖廟である。

---

18)　前掲坂出祥伸『道教と東南アジア華人社会』158頁。ただ、現在は通常の三清に置き
　　換わっているようである。

チョン・バルー斉天宮

　ここでも哪吒太子は併祀されている。どうも、哪吒太子と孫悟空はセット
で祀られることが多いようである。

4．華光大帝と二郎神の混同

　ビーシャン地区にあるトムソン湯申廟（Thomson Combined Temple）は、
ひとつが華光大帝廟で、もうひとつが金榜山亭天后会、そしてさらに蓮花壇
となっており、それぞれ主神は、華光大帝、媽祖、中壇元帥であった。湯申
廟の華光大帝廟は、シンガポールでも数少ない華光大帝を主神とする廟であ
る。筆者調査時（2016年末）にはこの廟は改築中で、新たに建て直される予
定である。

　ただ、華光大帝はシンガポール・マレーシアの廟には主神でなくとも、別
の形で併祀されることが多く、十数箇所の廟でその存在を確認できる。

湯申華光大帝廟

　華光大帝は福州などの閩東地域、また広東で祭祀されているので、シンガポールやマレーシアにおいて信仰が保持されていることは、移民の状況を考慮すればそれほど不思議でもない。ただ、筆者が見た限りでは、ベトナムにおいてはホーチミンの廟で数例、タイのバンコクでもごく一部の廟でしか信仰が確認できなかった。それに比べると、シンガポールでの祭祀の幅広さは異様とも思えるほどである。

　クイーンズタウン地区にある忠義廟（Tiong Ghee Temple）は関帝廟である。ある意味では典型的な関帝廟である。ただ、脇に「代天巡狩」とあり王爺も祀る。このほか、註生娘娘と五営も祀るので、恐らくは福建系の廟だと考えられる。この五営のところに、中壇元帥哪吒と並んで華光大帝の像があった。実は、このような形で華光があるのは珍しい。閩東の馬祖諸島では見ることがあったが、台湾本島ではあまり見かけない。

　双林城隍廟にも華光大帝を祀る。他の神に比べると小さな立像で、三眼である。

　リトルインディア地区の北、ファーラーパーク駅の近くは、インド系住民の多いところであり、ヒンドゥー寺院が数多く存在するが、幾つかの華人廟もある。

　なかでも龍山寺（Leong San See Temple）は古い廟として知られる。龍山寺は、台湾の台北や鹿港にも同じ名称の寺院がある。いずれも福建からの移

民が建てたもので、観音菩薩を主とする寺である。

　媽祖や保生大帝など多くの福建系の神々も祀るなか、華光大帝の像もある。ただ、台北や鹿港で華光像を見ることはないのに対し、こちらでは比較的大きな像が存在した。福州系の信仰が入っているのではないかと推察するが、まだ考慮の余地があると考える。

双林城隍廟の華光大帝像

　一方でシンガポールにおける華光の神像には、やや不可解な面もある。双林城隍廟の像もそうであるが、犬を従えている場合が多いのである。一般に華光大帝像には、犬を従えることはほとんどない。

　韮菜芭城隍廟には華光大帝も祀られるが、一方で外側には別に五顕大帝すなわち華光を置く。その像はまた天狗公と併祀されており、やはり犬を連れている。３眼であるが、手は３叉の矛を持つ。この形象は、どう見ても二郎神のそれである。そもそも犬を連れているという姿は、二郎神特有のものである。

　韮菜芭城隍廟では、大殿に華光大帝と二郎神の双方を祀る。そのために、両者を区別しているのは確かである。しかし像を見る限りでは、ともに３眼、甲冑を身につけ、それほどの差異を感じないところもある。

韮菜芭城隍廟の五顕大帝

　実のところ、二郎神と華光大帝は混同されやすい神格である。もともと二郎神は三眼ではなかったものが、三眼に変じたのはむしろ華光像の影響であると考える[19]。ただ、華光はその後信仰が衰えたため、多くの神像が二郎神に置き換わっていったものと考えられる。シンガポールにおける華光像は、その経過を時に感じさせるものが多い。

　台湾においては、この現象がさらに進んでしまっていることがある。台湾屏東の慈鳳宮は媽祖廟であるが、そこの三階部分の玉皇大帝の前に控える四大護法元帥の像が、非常に不可解なものとなっているのである。

　四大元帥、或いは四大護法といえば、温元帥・趙元帥・関元帥・馬元帥というのが古い形である。しかし関元帥については、関帝となり一段地位が高くなったことから、これを外し、代わりに岳天君や康元帥を加えることが多い。

　慈鳳宮の場合は、王霊官・趙公明・李靖・楊戩という四大護法となる。これは完全に『封神演義』に依拠したもので、そもそも李靖すなわち李天王がこの位置に入ることは稀である。筆者は、護法神としては哪吒を入れたいと

19)　筆者「二眼の二郎神」（『東アジア文化交渉研究』関西大学東アジア文化研究科第7号2014年）217-228頁。

ころが、別に中壇元帥として独立して他にあるので、代わりに李靖を配した
ものではないかと考える。そして楊戩は、『封神演義』で三叉の矛を持ち、犬
を連れて活躍する武将であり、二郎神と同一視されている。

台湾屏東慈鳳宮の楊戩像

この楊戩像であるが、３眼であり、３叉の矛を持ち、二郎神としての特色
を持っている。むろん、『封神演義』の楊戩は二郎神と見なされているので、
その点は問題ない。しかし一方で、その手に持つのは三角金磚なのである。
その甲冑の姿も、むしろ馬元帥華光の姿に近い。どうも、この像も元来は馬
元帥像であったものが、二郎神楊戩との混同により、このような両者の特色
を併せ持つ像になってしまったものではないかと考える。これはシンガポー
ルの華光像とも近いものを感じさせる。

萬福寺をはじめとする日本の黄檗宗の各寺院で、華光大帝が伽藍神として
祀られることについては、すでに筆者は何度か指摘している[20]。

華光大帝を伽藍神とすることについては、中国大陸の福州・温州で幾つか

20）　前掲筆者『アジアの民間信仰と文化交渉』75-116頁。

確認できたが、その他の地域では、これまでほとんど発見することができな
かった。もっとも、そもそも華光の祭祀自体が少ない。

　トアパヨー地区にある、シンガポール最古の仏教寺院である蓮山双林寺に
は、伽藍殿もあり、その主神は関帝である。しかし、関帝の脇には華光大帝
の像が配されている。

双林寺伽藍殿の華光大帝

　すなわち、双林寺の伽藍神は関帝と華光である。これは福州と温州で見た
例に近いものである。ただ筆者にとっては、東南アジア地域で初めて見る伽
藍神としての華光像である。しかもその衣装や金磚を持つ様子などは、宇治
萬福寺の像に酷似する。このように数百年の時と数千キロメートルの距離を
超えて、類似の像が見られたことについては、個人的に感嘆の念を禁じ得な
かった。

　双林寺には創建にまつわる伝承がある。この寺院の土地を寄進した劉金榜
は夢に西から光り輝く仏が来るのを見て、次の日に船でたどり着いた賢慧禅
師を迎えて、この寺院を建てたのだとする[21]。この賢慧禅師は福州の西禅寺

に縁が深かったとされており、恐らくはその影響のもと、華光大帝が伽藍神となっているのだと考える。

5．五営とその祭神

　シンガポールやマレーシアの福建系華人廟では、主殿の脇に「五営<ruby>ごえい</ruby>」を祭祀することが多い。五営は、5名の陣営を守る武神で構成されるグループで、すなわち、東営、西営、南営、北営に中営を加えたものである。「五営神将」「五営元帥」「五営兵馬」など、様々な呼称がある。台湾の廟においても、当たり前のように祭祀されている[22]。

廟に併祀される五営頭

　一般に、中営には、中壇元帥の哪吒太子を当てることが多い。中営は「李元帥」が担当するために、「李哪吒」である哪吒太子が当てられたものと考えられる。

　他の4営は、各廟でそれぞれ異なるものの、基本的には東営張将軍、南営蕭将軍、西営劉将軍、北営連将軍という配置となっている。

　儀式を行うに当たって、周囲を守護し、ある種の結界を作り出すのが五営である。守護神という意味では、温・関・馬・趙の四大元帥と似ている部分

---

22)　中文ウィキペディア（https://zh.wikipedia.org/wiki/）の「五営神将」の項目参照。

もあり、元帥神を五営に当てる場合もある。ただ、許宇承氏が指摘するように、「天将天兵」と「五営兵将」では役割が異なるものと考えられる[23]。

「内五営」を温元帥や康元帥などの元帥に当てて、そして「外五営」を張将軍、蕭将軍などに当てる例もある。大陸では、すでにこの伝統も怪しくなり、哪吒や雷震子、楊戩などの『封神演義』の武神を当てる場合もある。

廟に併祀される五営神将

台湾の台南において五営の符呪に書かれる文言は以下の通りである[24]。

勅令　張公聖者統領東営九威軍　駆邪圧煞罡

勅令　蕭公聖者統領南営八蛮軍　駆邪圧煞罡

勅令　劉公聖者統領西営六戎軍　駆邪圧煞罡

勅令　連公聖者統領北営五狄軍　駆邪圧煞罡

勅令　李府元帥統領北営三秦軍　駆邪圧煞罡

張公聖者とは、台湾やシンガポール・マレーシアの廟で祭祀されている張法主公のことである。とはいえ、法主公廟は台北などでは廟の数は少ない。

---

23)　許宇承『台湾民間信仰中之五営兵将』（蘭台出版社2009年）11頁参照。

24)　前掲許宇承『台湾民間信仰中之五営兵将』41頁。

シンガポール北道堂の張公聖者

　張法主公の廟は、閭山教の法主公派の流派に属するものとされる。閭山教には、許真人を奉ずる閭山派、臨水夫人を奉ずる三奶派など、いくつかの流派が分かれている。

　そして法主公廟では、張慈観、すなわち張公聖者、蕭朗瑞、すなわち蕭公聖者、連光陽、すなわち連公聖者の3神を祀ることが多い。もっとも、連公聖者のかわりに章公聖者が入る場合もある。これに劉志達を加え、張、蕭、連、劉を組み合わせると、ほぼ五営のうちの四営の将が埋まる形となる。五営は、つまりは法主公と関連の強い神から構成されているものである。このほかにも、その名を張基清、蕭其明、劉武秀、連忠宮とするものもある。

　もっともシンガポールやマレーシアでは、その像を見る限り、哪吒、雷震子、華光大帝、趙玄壇、温元帥にしか見えないところもあった。

　孫亜楠氏によれば、タンピニス聯合廟のなかの五営の神は、以下の通りである[25]。

---

25)　孫亜楠「新加坡的五営将軍信仰－以淡濱尼聯合宮為例」(林緯毅主編『淡濱尼聯合宮崇奉諸国際学術研討会論文集』2014年）231頁。

　　東営九夷群の主将は雷震子、南営蛮軍の主将は南宮适、中営三秦軍の主
　　将は哪吒太子、西営六戎軍の主将は楊戩、北営五狄軍の主将は武吉であ
　　る。

　これは、完全に『封神演義』に準拠したものである。『封神演義』の周軍の武
将たちが連ねられている。
　台湾では五営は王爺信仰と密接な関係を持っているとされる。そのため、
王爺廟には多く五営が設置されている。シンガポールでは、王爺廟はまた朱・
刑・李三大人廟などの大人廟もあり、やや性格が異なっている。先に見た通
り、タンピニス聯合廟の主神は、まさにこの朱・刑・李大人となっている。
聯合廟になっているところも多く、五営もまたあちこちの廟で見られる存在
となっている。
　中営に哪吒太子が当てられることに対して、筆者はかつて疑義を表明し
た[26]。哪吒太子が「李哪吒」として扱われるのは、『封神演義』流行ののちで
あり、中営にはもと「李将軍」が当てられていたものが、あとで哪吒に変わっ
たのではないかという推測である。
　これについて、許宇承氏は哪吒太子が早くから中営の統領の位置にあると
反論する[27]。これは許氏の論の通りかもしれない。
　難しいのは、南宋期にあった瑜伽教と閭山派の関係である。許宇承氏は密
接な関係があると主張する[28]。筆者もこれには同意する。そして、瑜伽教で
は早くから哪吒太子や華光大帝などの神々を重視していたという点が重要で
ある。『海瓊白真人語録』巻一にて、白玉蟾は次のように述べている[29]。

　　耜問曰、今之瑜伽之為教者何如。答曰、彼之教中謂釋迦之遺教也。釋迦

---

26)　筆者「哪吒太子考」（山田利明・田中文雄編『道教の歴史と文化』雄山閣出版1998
　　年）167-196頁。

27)　前掲許宇承『台湾民間信仰中之五営兵将』241頁。

28)　前掲許宇承『台湾民間信仰中之五営兵将』278-281頁。

29)　『海瓊白真人語録』（『正統道蔵』正一部 S.N.1307）。

化為穢跡金剛、以降螺髻梵王、是故流傳。以此降伏諸魔、制諸外道、不
過只三十三字金輪穢跡咒也。然其教中有龍樹醫王以佐之焉。外則有香山、
雪山二大聖、猪頭、象鼻二大聖、雄威、華光二大聖、與夫那叉太子、頂
輪聖王及深沙神、揭諦神以相其法、故有諸金剛力士以為之佐使。所謂將
吏、惟有虎伽羅、馬伽羅、牛頭羅、金頭羅四將而已、其他則無也。

このなかに「那叉太子」、すなわち哪吒太子の名が見えることからして、閭山
派のなかでも哪吒が重視されていたことは看取できる。あるいは、五営のな
かに早くから哪吒は入っていたかもしれない。

　余談であるが、瑜伽教の一派は密教を受け継いだもので、そのなかには多
くののちに道教で発展した武神を含んでおり、これは後世の民間文芸に対し
て深い影響を与えている。

　白玉蟾の言のなかでは、哪吒太子を除いても、まず華光大帝の名がある。
そして深沙神であるが、これはあとで『西遊記』の沙悟浄に発展していく神
である。「猪頭象鼻」はヒンドゥー教のガネーシャ神などに由来するものであ
ろうが、これはたぶん『西遊記』の猪八戒のベースになっているものと推察
する。雄威はおそらく威雄将軍、すなわち東岳大帝の三子、炳霊公を指すの
ではないかと考える。するとこれは『封神演義』に登場する黄天化のことで
ある。

　法主公廟と五営、斉天大聖と哪吒太子、さらに華光大帝などは、その祭祀
において、古くから密接な関連を有しているのかもしれない。

6. ハウパーヴィラとブキット・ブラウン

　シンガポールと香港に作られたタイガーバーム・ガーデン（Tiger Balm
Garden）は、極彩色の奇怪なオブジェや像を数多く有するテーマパークとし
てよく知られている[30]。

---

30)　谷川晃一・ねじめ正一『タイガーバーム・ガーデン』（新潮社1986年）参照。

ハウパーヴィラ入口

　もともとは、タイガーバームで財を成した胡文虎と胡文豹の兄弟が、タイガーバームの宣伝を兼ねて作ったものであった。1935年に香港のガーデンが開園し、1937年にシンガポールのほうが開園した。しかし香港にあったタイガーバーム・ガーデンは、徐々に縮小され、2000年に閉鎖されることになった。ただ現在はその一部が公開されているようである[31]。

　一方で、シンガポールのタイガーバーム・ガーデンは保持され、現在シンガポール政府の手によって大々的に修理され、ハウパーヴィラ（Haw Par Villa）という名になり、すぐ前に同名の駅も作られて、再び公開されている。園内は無料で入れる。

　ハウパーヴィラも、美術的な観点からは評判が悪く、一部で「脱力テーマパーク」と評されている。逆にその異様ともいえるオブジェの数々が、マニアックな興味をも呼んでいる。

31）　中文ウィキペディア（https://zh.wikipedia.org/wiki/）の「タイガーバームガーデン」「ハウパーヴィラ」の項目参照。

代表的なオブジェ・カニ女

　もちろん、ハウパーヴィラは宗教施設ではない。しかし、そこに飾られる
像は、観音、弥勒、八仙、斉天大聖といった華人廟でよく見かける神像が多
く含まれるとともに、十王の支配する地獄などはどの寺院よりも陰惨な形象
をよく再現している。オブジェの半分以上は、宗教に関連するものといって
もよいかもしれない。

弥勒菩薩とされる布袋和尚

　特に仏教系の像やオブジェは目立っている。釈迦如来、観音菩薩、弥勒菩
薩（布袋和尚）などの仏像があり、またガルーダの像、タイ風の仏像なども
飾られる。なぜか日本の相撲取りの像も置いてある。

孔子の像

　儒教系のオブジェも数多く存在し、孔子の像のほか、二十四孝を表現する
オブジェも置かれている。
　ただ、ハウパーヴィラのもっとも注目される施設は地獄を表現した「十殿
閻羅」の建物である。1区画をまるまる地獄の再現に当てている。

ハウパーヴィラ十殿閻羅

ハウパーヴィラ十殿閻羅内部

　大陸や台湾の東岳廟や城隍廟に見られるような八大地獄、十殿閻王の裁きの場をパノラマのように展開したものである。薄暗い地下の地獄の様相については、鬼気迫るものがあり、ハウパーヴィラのなかでも特に見応えのある展示となっている。

白蛇伝の展示

　『白蛇伝』などのよく知られた物語についても、いくつかオブジェや像となって置かれている。ただ、場面説明が時々あるものの、わかりにくい展示も多い。

孫悟空と紅孩児が戦う

『西遊記』に関しては、かなり多くの場面がパノラマとして展開されている。この像は哪吒太子と紹介されることが多いが、紅孩児であろう。紅孩児と哪吒太子は、形象面でよく混同される。

桃園結義の劉備・関羽・張飛

『三国志演義』の故事を示すオブジェも多い。これは『三国志演義』の冒頭の桃園結義で、劉備、関羽、張飛が集まっているところ。ただ、服装や調度用品はすべて時代を無視している。

八仙過海故事を描いたパノラマ

　『三国志演義』以外にも、『薛家将』などの歴史故事に関するパノラマが多い。一方で、神仙故事も多く展開されている。八仙と龍王が争う「八仙過海」故事を描いたものは、かなり力の入った展示である。このほか、『封神演義』の黄河陣のパノラマも有名である。

　ブキット・ブラウン（Bukit Brown）には、広大な華人墓地が広がっており、その規模は先に見たマレーシアのマラッカのブキット・チナ墓地に匹敵するものがあると考える。この墓地に関する記事があり、こう述べている[32]。

　　マクリッチ貯水池の南、丘陵地に広がる華人墓地「ブキ・ブラウン墓地」
　　には、シンガポールの礎を築いた先人や戦争犠牲者らが眠っています。
　　しかし、広さ233ヘクタール、10万墓が安置された広大な墓地は、存続の
　　危機にさらされています。2011年に、高速道路 PIE や住宅開発用地にな
　　ることが発表されたためです。工事はすでに始まり、PIE の通る区域内
　　の3,442の墓の掘り起こし作業が昨年末から進められています。

10万以上の墳墓が展開する広大な墓地は、しかし再開発の波にさらされてお

32）　AsiaX サイト（https://www.asiax.biz/kira/11121/）2014年4月7日記事「熱帯綺
　　　羅」、シンガポールの歴史が眠る丘。保存危機の「ブキ・ブラウン墓地」による。

り、現在、かなりの部分が取り壊されている。ただ、一部を保存しようとする動きもある。

ブキット・ブラウン墓地入口

　ブキット・ブラウン墓地は1922年より使用が開始されている。しかし当初は利用者が少なかったようである。これについて、福浦厚子氏は次のように記す[33]。

　　シンガポールの中国人の死生観を供え物の視点から記述している報告に
　　「中国人は近くの一番高い丘の頂上に親族を埋葬する。決して墓の傍らに
　　食物の入った皿などを置くことは許さない。死んだ者の霊魂が埋葬地に
　　戻らないよう、また空中を浮遊する存在にとっての栄養とならないよう
　　にするためである。祖先を安住させ、残された子孫の方は沼や谷に多人
　　数で密集しながら住んでいるのである」とあるように、墓地は供物など
　　が放置されていない空間としてある一方で、埋葬地一帯の空き地には見
　　知らぬ不法居住者が寝起きしており、彼らから租借料を徴収していた。
　　（略）中国人用はブキ・ブラウン（Bukit Brown）に、1922年1月1日に

---

33)　福浦厚子『都市の寺廟—シンガポールにおける神聖空間の人類学—』（春風社2018年）242頁。

市営埋葬地がようやく用意されたが、埋葬の希望者がなく、最初の埋葬までに開設以来3ヶ月がかかったと記録されている。一定の区画と向きが規定された市営埋葬地では、風水の希望も聞き入れてもらえなかったため、中国人の希望者がはじめは出なかったと考えられる。

ブキット・ブラウン墓地の墓1

筆者も、ブキット・ブラウン墓地については何度か訪問した。広大な空間に何万もの墳墓が並んでいる光景は圧倒的であった。

ブキット・ブラウン墓地の墓2

ただ、見た限りではやや違和感もあった。それはマラッカのブキット・チ

ナと比べると、平地に墳墓が並んでいるために、風水的にどうなのか、という感覚である。これまで中華系の墳墓を数多く見てきたが、やはり好まれるのは丘陵の上か、小高い山の中腹か、いずれにせよ、やや高い土地が好まれる傾向にあると考えている。

　むろん、シンガポールにはそもそも丘陵というものが少ない。「ブキット」というのは山を意味し、シンガポールにもマレーシアにも多く見える地名であるが、実際には丘という程度の土地がほとんどである。そもそも、墓地に適した土地が少ないのである。

　現在ではこれがもっと深刻な問題になっているようである。すなわち、慢性的な墓地不足である。土葬が行われているのは、チョア・チュー・カン墓地であるが、そこでも限界がそう遠くないと言われている[34]。宗教上の理由から、火葬が許されない埋葬者もあり、なかなか困難であるのが墓地の問題である。

7．ベサク・デイとタイプーサム

　シンガポールやマレーシアにおける休日は、建国記念日などを除けば、だいたいは宗教行事に関わるものである。

　ハリ・ラヤ・プアサ（Hari Raya Puasa）、またはハリ・ラヤ・アイディルフィトリは、イスラム系の人々が、ラマダンの断食明けを祝う日で、休日となる。ディーパバリ（Deepavali）は、ヒンドゥー教徒の正月に当たり、国全体が休日となる。当然、キリスト教徒のためのクリスマスも、休みとなる。あとは春節（旧正月）で、これは華人のための休みだが、国全体が休日となる。

　ベサク・デイ（Vesak Day）は、日本でいえば灌仏会（かんぶつえ）、4月8日の釈尊の誕生日に当たる日で、この日は仏教徒のため休みになり、あちこちの寺院で行事が行われる。なお、旧暦のベサク月の満月の日に当たるため、日付は毎

---

34)　前掲福浦厚子『都市の寺廟—シンガポールにおける神聖空間の人類学—』250-252頁。

年変わる。とはいえ、ほぼ4月か5月になる。なお、他の地域ではウェーサーカ祭とも呼ばれる[35]。

信者で溢れかえる仏教青年弘法団

　ベサク・デイは、成道会と涅槃会も兼ねている。すなわち、釈尊の生誕も成道も涅槃も、年の違う同じ日であったと考えられているのである。筆者が見たのは新加坡仏教青年弘法団（Singapore Buddhist Youth Mission）のベサク・デイである。

　新加坡仏教青年弘法団は、巨大な釈迦如来と観音菩薩の像が目立つ、一見華人廟に見える建築を持つ。性格は仏寺と同じであるが、仏教教育を目的とした団体である。1965年に設立された。

---

35)　日本語ウィキペディア（https://ja.wikipedia.org/wiki/）「ウェーサーカ祭」の項目参照。

仏教青年弘法団で列に並ぶ信徒

　参拝する人で会場はごった返しており、また振る舞われる料理を食べに来る人も多い。必ずしも仏教徒のみが参加しているわけではなく、行事を見物しているだけの人々もいる。

　タイプーサム（Thaipusam）はヒンドゥー教の祭りである。こちらは、シンガポールの休日になっていない。平日に行われるが、会場となる寺院の周辺と道路は、警察が出て交通整理が行われ、片側の車線は通行止めになる。かなり大がかりな行事である。

スリ・タンダユタパニ寺院

　タイプーサムは、ヒンドゥーの軍神ムルガン（Murugan）を祀る行事で、

マレーシアとシンガポールでの祭りが大きなものとして知られている[36]。マレーシアでは、クアラ・ルンプールの北にあるバトゥ洞窟がその出発点となる。シンガポールでは、スリ・スリニバサ・ペルマル（Sri Srinivasa Perumal Temple）寺院から、スリ・タンダユタパニ寺院（Sri Thendayuthapani Temple）へ、多くの信者が巡行する行事である。ヒンドゥー暦によって行われるため、日時は移動するが、1月か2月あたりに行われる。

　当日は、両寺院の間の道は無数の信徒で埋め尽くされる。脇には移動する信徒のため、無料で食料や飲料が配布される。

　一般の信徒は、ミルクの入った壺を頭の上に乗せて巡礼を行う。しかし、熱心な信徒は、カバディと呼ばれる針のついた覆いを乗せて寺院に向かう。大きなものは全身に針を身体に刺して掲げるもので、激しい苦行を示す。ただ、見た目の過激さに比して、痛覚はそうでもないとされる。それでも、ある程度の距離カバディを着けて歩くのはかなり厳しいものがあり、この苦行を行う人に対し、一族総出でサポートする様子が見られる。

カバディをつけて行く信徒1

36）　英文ウィキペディア（https://en.wikipedia.org/wiki/）「Thaipusam」の項目。

カバディをつけて行く信徒2

　音楽を鳴らして行く一行もあり、大変賑やかである。ヒンドゥーの神の祭壇に車輪をつけ、それを引っ張る場合もある。こちらも縄を鉤針で身体にひっかけており、痛そうに見える。

　筆者も2017年のタイプーサムを取材したが、スリ・タンダユタパニ寺院のあたりは混雑が激しく、とても入れるものではなかった。路上で巡行を行う人々の姿を追うのみであった。

　見ているうちに、ふと福建系のシャーマンであるタンキーは、あるいはヒンドゥーの苦行文化からの影響ではないかと考えたりもした。中華系では、どうしても「身体髪膚これを父母に受く、あえて毀傷せざるは孝の始めなり」という思想がベースであり、身体を傷つけて能力を示すことはむしろ異端に思えるからである。福建には古くからヒンドゥー文化の影響があり、その一部を取り入れたのではないかと考える。ただ、これはむろん憶測にすぎない。

後　記

　本書は筆者が東西学術研究所の研究員であった期間に訪れた華人廟について、その祭神を中心に記録したものである[1]。実際に訪れた廟のみで構成されており、旅行雑記、あるいは報告書に近い性格を持つ。

　また筆者は東南アジアの状況について疎く、先達の多くの研究業績を頼らざるを得なかった。現在入手が難しい資料も多く、なるべくその中身を引用することに務めた。筆者自身の考察は少ない。また廟のいくつかは、そもそも研究の対象になっていないところもあり、廟のサイトの情報などを頼ったところも多い。このあたりは筆者の力量不足によるもので、ご寛恕いただきたい。

　筆者は普段、中国大陸や台湾・香港の寺廟を調査しているが、シンガポールやベトナムの廟を訪れたときは、よくわからない祭神が多かった。たとえば「大伯公」や「拿督公」などである。その後、酒井忠夫先生、窪徳忠先生、原田正巳先生などが著されたいくつかの研究書や論文を読むことで、多くの疑問は晴れたのであるが、まだまだ疑問も残っていた。ベトナムやフィリピンについては短期間、シンガポールとマレーシアについてはある程度長期にわたって華人廟の調査を行ったが、やはり多くの不明な点があった[2]。

　まず、シンガポールの聯合廟に驚いた。福建系、広東系、潮州系、海南系などを問わずに、ひとつの屋根の下に廟を入れてしまうのである。当然ながら廟の性格もかなり変わってくる。その現状について調査したいと思い、いくつもの聯合廟を回った。

　マラッカは廟の多いところで、やはり福建系、広東系などの廟があるのだ

---

[1]　関西大学東西学術研究所の「東アジア宗教儀礼研究班」に所属。2013年4月から2016年4月までが1期、2016年4月から2019年3月までが2期。

[2]　2016年10月から2017年9月まで、関西大学在外研究員・学術研究員として、シンガポール南洋理工大学に研究員として滞在。シンガポール・マレーシア・インドネシアの華人廟を調査した。

が、大陸の福建や広東、また台湾とも違う要素がかなりあり、その把握に努めた。これはペナン島も同じである。特に、クラン・ジェティーについてはその構造に驚嘆した。桟橋の先、海の上に廟が建っているのである。また廟の呼称として「コンシー」が用いられていることも、かなり疑問に感じた。

　マニラでは、筑波大学の丸山宏先生から伺っていたサント・ニーニョと華人信仰の融合について、やはり驚いた。玉皇三太子という特異な神格についても、考えさせられた。

　ハノイでは独自の娘娘信仰があり、これについてはベトナム社会科学アカデミー宗教研究院客員研究員の大西和彦先生に教えていただき、ようやく理解ができた。名古屋市立大の吉田一彦先生にはベトナム調査に連れて行っていただき、現地でまたいろいろお教えいただいた。また各地の宋大峰信仰については、茨城キリスト教大学の志賀市子先生からご教示いただいた。なお、ベトナムやタイについては、まだまだ筆者は知らないことだらけである。

　研究員として受け入れてくださった南洋理工大では、関詩珮先生、魏月萍先生から詳しくシンガポールの事情について伺うことができた。また、シンガポール国立大ではケネス・ディーン（Kenneth Dean）先生、李焯然先生、許源泰先生から数多くのご示唆をいただいた。

　そして、関西大学東西学術研究所東アジア宗教儀礼研究班の先生方、特に吾妻重二先生、原田正俊先生には多くのご助力をいただいた。また所長である沈国威先生には、南洋理工大の関先生をご紹介いただくなど、様々なご配慮をいただいた。さらに大学院東アジア文化研究科の先生方には、筆者不在中に多くのご迷惑をおかけした。謝罪と同時にあわせて感謝申し上げたい。

　また本書の出版については、東西学術研究所の奈須智子氏にご尽力いただいた。感謝の至りである。

　なお、本書の内容の大半は新たに書き下ろしたものであるが、一部既発表の論文などを使用している。その論文は以下の通りである。

・筆者「シンガポール華人廟におけるヒンドゥー神の習合」

　　（『東アジア文化交渉研究』関西大学東アジア文化研究科第12号）2019年

・筆者「東南アジアの華人廟における『封神演義』の影響」

　　（『東アジア文化交渉研究』関西大学東アジア文化研究科第11号）2018年

・筆者「シンガポールの華光大帝」

　　（『東アジア文化交渉研究』関西大学東アジア文化研究科第10号）2017年

・筆者「東南アジアの玄天上帝廟」

　　（『東アジア文化交渉研究』関西大学東アジア文化研究科第 8 号）2015年

ペナン島ヘビ寺にて

2019年 6 月　二階堂 善弘

著者紹介

二階堂　善弘（にかいどう　よしひろ）

1962年生まれ。東洋大学文学部卒業、早稲田大学大学院文学研究科博士課程単位取得退学、博士（文学・東洋大）、博士（文化交渉学・関西大）。現職は関西大学文学部教授。専門はアジアの民間信仰研究、著書に『元帥神研究』（斉魯書社・劉雄峰訳・2014年）、翻訳書に『全訳　封神演義1～4』（勉誠出版・2017-18年）などがある。

関西大学東西学術研究所研究叢刊60

東南アジアの華人廟と文化交渉

2020年2月13日　第1刷発行
2021年2月1日　第2刷発行

著　者	二階堂　善弘
発行者	関西大学東西学術研究所
	〒564-8680　大阪府吹田市山手町3-3-35
発行所	関西大学出版部
	〒564-8680　大阪府吹田市山手町3-3-35
	電話 06(6368)1121 ／ FAX 06(6389)5162
印刷所	株式会社 図書印刷 同朋舎
	〒604-8457　京都市中京区西ノ京馬代町6-16

© 2020 NIKAIDO Yoshihiro　　　Printed in Japan

ISBN978-4-87354-713-8　C3014　　　落丁・乱丁はお取替えいたします。